张爱玲传

生命有它的图案

林希美 著

北方文艺出版社

图书在版编目（CIP）数据

张爱玲传：生命有它的图案 / 林希美著 . -- 哈尔
滨：北方文艺出版社，2019.9（2021.3 重印）
ISBN 978-7-5317-4499-3

Ⅰ . ①张… Ⅱ . ①林… Ⅲ . ①张爱玲（1920-1995）
– 传记 Ⅳ . ① K825.6

中国版本图书馆 CIP 数据核字（2019）第 058757 号

张 爱 玲 传 ：生命有它的图案
ZHANGAILING ZHUAN SHENGMING YOU TADE TUAN

作　者 / 林希美
责任编辑 / 宋玉成　赵　芳　　　　　　封面设计 / 锦色书装

出版发行 / 北方文艺出版社　　　　　　邮　编 / 150008
发行电话 /（0451）86825533　　　　经　销 / 新华书店
地　址 / 哈尔滨市南岗区宣庆小区 1 号楼　网　址 / www.bfwy.com

印　刷 / 三河市南阳印刷有限公司　　　开　本 / 880mm×1230mm　1/32
字　数 / 160 千　　　　　　　　　　　印　张 / 8
版　次 / 2019 年 9 月第 1 版　　　　　印　次 / 2021 年 3 月第 2 次印刷

书　号 / ISBN 978-7-5317-4499-3　　　定　价 / 39.80 元

序：苍凉过后，我愿活成一座孤独的岛

有一位女子，似乎一直活在民国。

胡兰成说，她是民国世界的临水照花人；周汝昌说，只有她，才堪称曹雪芹知己；王安忆说，世界上有华人华文的地方，就有人谈论她……

她出生簪缨世族，从小饱读诗书，长大后要出名趁早，年轻时陷入一场倾城之恋。之后，她华丽转身，漂洋过海去了美国。暮年，她离群索居，只想孤独终老。

她叫张爱玲，从小被视为天才的女子，原本她只想发展她的天才梦，却在年轻时爱上了一个叫胡兰成的男人。她自小骄傲冷漠，自私无情，却为这个男人低了头，将头低至尘埃，并在尘埃里开出花来。她说："因为懂得，所以慈悲。"

他懂她吗？并不。他以为懂她，以为她不会吃醋，所以他们

生命有它的图案

结婚后，他"爱上"一个又一个女人。她倒是懂他，不争不闹，只想倾听他的心思。她说："随便什么女人，男人稍微提到，说声好，听着总有点儿难过，不能每一趟都发脾气。而且发惯了脾气，他什么都不对你说了，就说不相干的，也存着戒心，弄得没有可谈的了。我想还是忍着的好，脾气是越纵容越大，忍忍就好了。"

她一直忍，以为忍忍就好了。不曾想，他又招惹了另外一个女人。曾几何时，那个许她现世安稳的男人，再不能给她安稳。她内心悲伤不已，最终决定离开。她说："我倘使不得不离开你，亦不致寻短见，亦不能再爱别人，我将只是萎谢了。"

她只是萎谢了。他说她无情，她给了他所有的深情；他说她是那样震动、震惊，萎谢后的她归于平静。

在那个陌生的国度，她褪去所有荣华，什么名声、金钱、亲情、友情，统统不要了，只想平静度日。晚年，她躲着人，谁也不肯见，信箱也不常打开。她屡次搬家，能丢的东西，都丢下了。

她搬家的理由很简单，躲避跳蚤。她说过："生命是一袭华美的袍，爬满了蚤子。"早年一句话，应验在了她身上，一直到她离去前夕，依旧被皮肤病困扰。

她这一生，说过太多话，有的记录在小说中，有的记录在她的《私语》和《对照记》里，还有的，被写进了她想销毁的《小团圆》里。

她身在海外，晚年一直做整理旧照片，细写过去点点滴滴往

事的工作。她的心，沉浸在旧日民国，十里洋场的上海滩中，从不肯出来。

离世那天，她穿着一件赭红色旗袍，再次回到民国，变幻成民国烟雨女子，回到弄堂，回到上海。她依旧清瘦，皮肤白得透明，抬着骄傲的头，半眯着眼睛傲世众生。

她说："我有时觉得，我是一座孤岛。"

是的，她从小已看透人世间，她寂寞苍冷，不是她想成为孤岛，实在是无人懂她。后来，她不再寻找知音，只想被人遗忘地活着。什么生死离别，人情冷暖，都不在意了。

她晚年，写过一首诗：

　　人老了大都
　　是时间的俘虏
　　被圈禁禁足。
　　它待我还好——
　　当然随时可以撕票
　　一笑。

她走了，可她的故事从来没完，也完不了。

目　录

第一章

临水照花：民国才女初入凡尘

第一章

临水照花：民国才女初入凡尘

簪缨世族

"三十年前的上海，一个有月亮的晚上……我们也许没赶上看见三十年前的月亮。年轻的人想着三十年前的月亮该是铜钱大的一个红黄的湿晕，像朵云轩信笺上落了一滴泪珠，陈旧而迷糊。老年人回忆中的三十年前的月亮是欢愉的，比眼前的月亮大，圆，白；然而隔着三十年的辛苦路往回看，再好的月色也不免带点凄凉。"这段文字出自张爱玲的《金锁记》，她用一支笔，细细道出了三十年前的故事。

她的三十年前，于我们今天太过遥远，那是月色倾城，遍地是传奇的上海滩；那是烽烟四起，社会剧烈变革的晚清末年；那是兵荒马乱，也要不断上演悲欢离合的豪宅庭院……

在那个动乱的年代，每个人都有太多的故事要讲，有太多的故事说不完。她冷眼看世间，用那支孤冷的笔，写尽了人间冷暖，

生命有它的图案

世态炎凉。她不矫揉，不造作，静静书写一个又一个传奇，最终却塑造了自己传奇的一生。

身处乱世，风云骤起，与她亦是无关的，她简静清朗，只过自己安静的小日子。李白有诗云："今人不见古时月，今月曾经照古人。"的确，无论世事如何变迁，江山如何翻云覆雨，那轮圆月始终挂在天上，又圆又大又凄凉。

今天我们不讲繁华喧嚣的上海滩，亦不讲可悲可叹的晚清遗少，而是讲一讲这位与上海滩和晚清遗少有关联的女子——她叫张爱玲。在讲故事前，请您寻出家传的霉绿斑斓的铜香炉，点上一炉沉香屑，再寻个月亮又大又圆的夜晚，且听我慢慢道来。您这一炉沉香屑点完了，我的故事也该完了。

这故事还得从"中兴第一名臣"李鸿章讲起。说起李鸿章，那是无人不知，不人不晓，他在朝四十余年，官至直隶总督兼北洋通商大臣，授文华殿大学士，代表清政府签订了《马关条约》《中俄条约》《辛丑条约》，是中外人士皆知的清末政治人物。

在那个满朝都是学富五车之士的清末年间，有一个叫张佩纶的人凭着克己奉公的性格，如同一股清流，走进了光绪皇帝的心里。

张佩纶（1848—1903年），清朝末年官员，字幼樵，原籍河北丰润。他自幼十分聪慧，凭借敏捷的思维，出众的文章，在同治十年（1871年）考取了进士，之后在朝廷大考中，摘得第一名。在光绪年间官至都察院左副都史，是"清流党"的重要人物。

第一章

临水照花：民国才女初入凡尘

张佩纶早年生活贫困，苦读出身，看到清末政治腐败，一心想要报效国家。他原本为官清廉，生活穷困，政治理想端正，深得光绪皇帝的喜爱，却因刚正不阿的性格惹来大臣们的弹劾。不过，那时他在官场如日中天，任谁拿他也没办法。1884 年，法军在越南起了冲突，张佩纶和其他清流党人士竭力主战。李鸿章为了保存实力，不愿展开战争，多次委曲求全交涉后仍然失败。山西、北宁相继失守后，慈禧大怒，清流党几位主将在官场中遭受到了挫折，张佩纶以三品钦差大臣会办海疆事宜，兼署船政大臣的名义被派到福建马尾督军。

那时张佩纶常发表关于军事、国防的文章，李鸿章认为他能文能武，想借此机会纳入自己麾下以拓展自己的实力，但张佩纶实则并无军事、国防经验，一切只是纸上谈兵。当他带着军队南下，任何地方官员都不放在眼里，更不倾听他们的进言，仅靠上谕和李鸿章的电报作为布置战守的依据。结果在这场战争中，不战而败，之后，张佩纶被发配到张家口，直到1888 年 4 月 14 日，才返回津门，在李鸿章都署内工作。4 月 27 日，李鸿章在给台湾巡抚刘铭传的信中，提到他想将自己的女儿李菊耦许配给张佩纶。对于这门亲事，他十分满意，他在信中写道："幼樵塞上归来，遂托姻亲，返仲萧于张掖，至欧火于许昌，累世旧交。平生期许，老年得此，深惬素怀。"年过四十的张佩纶早有妻室，菊耦给他做继室，到底是有些委屈。李鸿章的夫人赵继莲反对这门亲事，李菊耦却对

生命有它的图案

母亲说："爹爹已经许配，就是女儿也不肯改悔！况且爹爹眼力，必然不差的。"

那年，他四十一岁，她二十二岁。无论李鸿章眼力多好，张佩纶在官场上大势已去，一直到他去世也没能东山再起。不过，李鸿章终究对得起他们，给了女儿殷实富足的嫁妆，房产、田地、古董数不胜数。几十年后，仅分给张爱玲父亲名下的财产，便有花园洋房八处，另外，安徽、河北、天津等地均有大宗田产。

自甲午战争爆发后，大清被迫签下《马关条约》，李鸿章因此成了历史的罪人，曾经的风光不复存在。没多久，李鸿章便在悲叹中死去了。而张佩纶也没有好多少，少了李鸿章这个依靠，终日借酒浇愁，颓废度日，抛下妻女爱子抑郁而终，终年五十六岁。

张佩纶的爱子，是张爱玲的父亲张志沂（廷重），爱女是张爱玲的姑姑张茂渊。张佩纶去世时，男孩七岁，女孩两岁。李菊耦 1901 年丧父，1902 年丧兄，1903 年丧夫，接连不断的打击，让三十七岁的她情绪沉郁，没多久便得了肺病，1912 年，刚搬到上海不久也去世了，终年四十六岁。那年，张志沂十六岁，张茂渊十一岁。

张爱玲的父亲张志沂，出生在没落的贵族家庭，做了时代的悲剧人物。他自幼熟读八股文，学习四书五经，过着锦衣玉食的生活。李鸿章和张佩纶去世后，李菊耦对他寄予厚望，希望他能重振当时的家族威望。可惜清王朝败落，科举制度废除，张志沂

第一章

临水照花：民国才女初入凡尘

英雄无用武之地，只能在家族的阴影里活着。他是前朝名臣后裔，有着自己的骄傲，可又在新时代里活得不尽人意，他在新旧社会里活得进退两难，只能靠祖上留下来的家产度日。

李菊耦去世后第三年，张志沂和黄素琼（逸梵）结婚了。黄素琼出身名门，祖父黄翼升是李鸿章淮军初建时的副手，他去世后，儿子黄宗炎袭承爵位。黄素琼和张志沂一样苦命，她和双胞胎弟弟出生没多久，父母便去世了，由黄宗炎原配夫人养育着。等黄素琼长大成人，再由黄宗炎原配夫人做主，把她许配给了张志沂。

对于这场包办的婚姻，黄素琼极不情愿。她没有上过新学堂，还是一位缠过足的旧式女子，可她对新潮思想极为渴望，崇尚独立，不喜欢自己的命运被他人安排。对于母亲黄素琼，后来张爱玲说她"踏着这双三寸金莲横跨两个时代"。

婚后，张志沂继续读他的四书五经，虽然也学习西方新思想，为此还专门去学习英文，可在他的思想观念里，到底有些循规蹈矩。新式思想于他而言，不过就像茶余饭后的小甜品，尝尝即可，不会当作人生主食。可对于黄素琼，五四风潮的新思想，是她人生中的主旋律。她是民国初期的时尚新女性，弹钢琴、出国留洋、学习绘画雕塑，不断地丰富着自己的人生。张志沂生存在新旧夹缝中，既不够新，也不够旧，更不得志。没多久，他染上了坏风气，抽鸦片、捧戏子、纳妾……

一位是名门公子，一位是名门千金，他们是旁人羡慕的金童

生 命 有 它 的 图 案

玉女，却在婚后渐行渐远。他们各有各的执着，她劝过他，为了孩子也曾努力过，可坏风气只会让人迷失心性，再也找不到自己。所以，她干脆再不见他，跟着张茂渊出国，自己躲得远远的。她不仅对丈夫张志沂不闻不问，甚至连自己的一双儿女也舍下了。

张爱玲就出生在这样的家庭，是被黄素琼丢弃在家的孩子，是日夜看张志沂在烟榻上吞云吐雾的孩子。她的出身，她的家世，她的经历，注定成为传奇。

这位叫张爱玲的女子，穿过民国烟雨，带着浅淡的微笑，着一袭华美的袍，就这样向我们走来。如同她的笔，沉着地诉说着一段段往事。不过，这次诉说的是她的人生，她的惊涛骇浪，她的岁月静好。

张爱玲说："于千万人之中遇见你所遇见的人，于千万年之中，时间的无涯的荒野里，没有早一步，也没有晚一步，刚巧赶上了，那也没有别的话可说，唯有轻轻地问一声：'噢，你也在这里吗？'"

"你也在这里吗？"她轻轻地问。

"是啊，我也在这里。"我们轻轻地答。

临水照花：民国才女初入凡尘

凄凉的贵族血统

世间因缘和合，并非偶然，皆是命数。一个人的出生，自己做不了主，无债不来，无缘不聚，不管你如何不情愿，自降临的那一刻起便再无选择。此后，是平庸，是绚丽，是惊世，是远走他乡，都与家族无关，可又与家族有关。它影响着你，你改变着它，它静默地淌在你的血液里，你赤诚热切地活一生。或喜，或悲，或恨，或怨，都摆脱不掉家族的烙印。于赤贫者，簪缨世族是一个梦，是今生无论如何努力也无法超越的天花板；于名门，它是牢笼，是骄傲的资本，同时，也是一个人颓败的开始。

生死轮回，日月更替，由盛而衰，是世间自然而然的规律。清醒者，懂得顺势而为，在家族没落时养精蓄锐，方便以后东山再起；陶醉者，为保家族颜面，奢靡度日，醉生梦死地沉下去。在民国初年，没落的贵族数不胜数，他们儿时享尽荣华，后来即

生命有它的图案

使跌落人间变为寻常百姓家，亦不肯简朴度日，终成一声叹息。

张御史家的少爷，黄军门家的小姐，他们门当户对，年纪相当，是人人称羡的金童玉女。这对人人艳羡的璧人结婚了，五年后，也就是 1920 年 9 月 30 日，农历八月十九，他们的第一个孩子诞生了，小名叫小煐，这便是后来的张爱玲；次年 12 月，他们又生下一子，小名叫小魁，是张爱玲的弟弟张子静。

张爱玲出生在上海公共租界的张家公馆，这是一座清末民初的老洋房，房子是李鸿章给女儿的嫁妆。这座老宅，带着先人的余温，带着旧时的贵族气息，尽管已经没落，可终究家底够厚，足以让小煐过上锦衣玉食的生活。提及张爱玲的童年，晚年的张子静回忆道："那一年，我父母二十六岁。男才女貌，风华正盛。有钱有闲，有儿有女。有汽车，有司机；有好几个烧饭打杂的用人，姐姐和我还有专属的保姆。那时的日子，真是何等风光啊！"

张志沂幼年时也曾锦衣玉食，不过及至童年，家族便开始节俭度日。张佩纶是个清官，家中所有财产都是李菊耦的陪嫁。表面上，李菊耦料理着家务，实则真正当家的是张佩纶的二哥。他不喜奢华，李菊耦也赞同节俭过活。他们都懂得家族日渐衰落，总有坐吃山空的一天，若后人不争气，家族便再无重整旗鼓的机会。

李菊耦对张志沂寄予厚望，将重振家族的重担落到了他的肩头。她对他的教育甚为严苛，除了读书识字，更是严格限制他与富家公子哥来往，怕他染上恶习。母亲的含辛茹苦，让张志沂感

第一章

临水照花：民国才女初入凡尘

觉到了压抑，同样是富家子弟，为什么别人可以做的事偏偏他不能做？他一直压抑着自己，尽量读好书，识好字，在母亲面前做一个乖巧的儿子。谁知多年后，这位知书达理的名门之后，开始结交酒肉朋友，花天酒地，嫖妓女，吸鸦片，养姨太太，别人说这是因为科举制度废除，他英雄无用武之地，可谁又能说不是对之前教育的反抗呢？

张志沂受够了压抑的日子，更讨厌节俭度日，他想彻底解放自己。刚结婚不久，他和黄素琼便想和二伯父分家，搬出去过自己的小日子。没多久，他托人在津浦铁路局找了一份英文秘书的工作，才顺理成章地分了家。1923年，他和妹妹张茂渊一起从上海搬到了天津，很快便开始了奢靡颓废的生活。

张志沂和黄素琼的矛盾，也由此开始了。

黄素琼出身传统世家，接受的是三从四德的教育，可她本人却从不保守。她讨厌男女不平等，对旧社会腐败的习气深恶痛绝，还对传统旧式女子的唯唯诺诺，对男人纳妾、吸鸦片、养妓女等行为不齿。当她看着自己的丈夫一天天堕落下去，她不像旧式女子咬牙忍耐，而是与丈夫对抗，对他的种种行径提出批评。

张茂渊也看不惯哥哥如此堕落，选择和嫂子站在一边，时时鞭策着他，希望他能清醒一些。可是，一个人压抑许久，终于释放了自己，又怎能再回到桎梏与牢笼中呢？张志沂对她们的劝阻听也不听，视而不见。

生命有它的图案

当一个人对另一个人还没有完全失望，劝了许多也没有效果后，唯一能做的便是狠下心来，做最后一次的挣扎。没多久，张茂渊提出出国留学的请求，希望哥哥能答应。表面上看来，她是出国深造，实则是对哥哥的行为提出抗议。黄素琼对丈夫再也看不下去，趁此机会找借口说，要出国照顾小姑，陪同她一起出国。

张志沂对她们的决定十分恼火，甚至偷偷地藏了她们的行李，让她们好自为之。张志沂的小把戏在黄素琼和张茂渊的眼里，是压死她们的最后一根稻草，这样的行为幼稚可笑，简直是小人所为，连最后的"圣贤"品格也丢了。她们重新打包收拾，不顾一切，抛家弃子，飞去了遥远的英国。从此之后，黄素琼再不叫黄素琼，而是改名为黄逸梵。这也如同她的人生，再也回不去了。即使后来也曾归来，但这个家留给她的只有无尽的愤怒和失望。

那年，张爱玲四岁，她什么都不懂，也不知何年何月才能再次见到母亲。她对母亲的印象，被记录在了《私语》里，她写道："我记得每天早上女佣把我抱到她床上去，是铜床，我爬在方格子青锦被上，跟着她不知所云地背唐诗。她才醒过来总是不甚快乐的，和我玩了许久方才高兴起来。"

张爱玲从小对母亲的印象，是一个观察者，而不是一个参与者。母亲对她来讲，似乎不是那么重要，她的离开或是存在，都没有影响她正常成长。有人说，黄素琼太过无情，一心只为自己快活，连孩子也不顾及了。可是出身名门的人，身边用人一大堆，

第一章

临水照花：民国才女初入凡尘

父母陪伴的时刻又有多少呢？对于他们来说，从一开始父母就是高高在上，用来跪拜、行礼、教自己做人的"先生"吧，不过与先生不同的是，他们的名字是"父母"。纵然有血浓于水的亲情，可也有大家族背后看不到的冰冷的一面。

张爱玲对于先前沉重的历史过往并不了解，她不知道这种距离感是什么。她和父亲母亲都不够亲，跟从小体弱多病的弟弟也不亲，她在浮华的表象下，过着被用人宠爱的小日子。风云变迁，家族没落，与她又有何干？小小的她，还不知道这些表象意味着什么，她体会不到母亲的无奈，父亲的放纵，只知道静静地观察，试图找到关于人性的真相。

不管名门家族的血液如何"冷"，她亦是爱的，甚至有一点点骄傲。后来，她说："我没赶上看见他们，所以，跟他们的关系仅只是属于彼此，一种沉默的无条件的支持，看似无用，无效，却是我最需要的。他们只静静地躺在我的血液里，等我死的时候再死一次。我爱他们。"

是啊，如何能不爱呢？在当时十里洋场的上海滩，并不缺才华出众的大作家，可谁又有她这般显赫的家世呢？提及张爱玲，任谁也要说一说李鸿章、张佩纶、黄翼升等历史名人。当《孽海花》以真实历史故事为背景，在书里细细道来那些陈年旧事，任谁也要抬起骄傲的头。

张爱玲是骄傲的，她的一生，如同那张尘封多年的黑白照片，

生命有它的图案

照片里的女子穿一件华丽绸缎旗袍，昂着高贵的头，孤傲默然地看着世间的一切。她不喜，亦不悲，带着极致的美，坚定地选择孤独。

在不曾邂逅爱情之前，她一直如此骄傲，一直冷眼看世界，不参与任何人的儿女情长，包括自己的。当她走过几度春秋，遇到那个命中注定的人，她如同家族的没落般，沉下去了。她的头，低到了尘埃里，可即使如此，也要开出一朵花来。

这是她的命数，也是她的劫数，她无从选择，就像无法选择自己的家族出身。但是我们知道，如果让她做一个凡尘百姓家的女子，她亦是不肯的。

临水照花：民国才女初入凡尘

一点欢喜一点悲

纷乱河山，荆棘岁月，痛了，悲了，伤了，喜了，佛说一切皆空。可是，这山河动荡，草木有情，也是事实。所以，佛又说，色不异空，空不异色。人生在世，终究不过尘埃一粒，等到一切成空，还能剩下什么。

人生如梦，有梦的人都不愿醒，在梦里看着，听着，观察着，却忘记了，自己也是梦里的人。张爱玲在《造人》里说："小孩是从生命的泉源里分出来的一点新的力量，所以可敬，可怖。小孩不像我们想像的那么糊涂。父母大都不懂得子女，而子女往往看穿了父母的为人。"

惊世才女张爱玲，观察着家中的一切变化。她以为看透了大人，以为不会为母亲的离去而伤感，也不会因短暂的快乐而失去理智与冷静。可是，她到底是一个孩子，那被观察的对象终究与她有关。

生命有它的图案

或许，在她看来童年是不尽人意的，可她也快乐，也有值得留恋的童年过往。

张爱玲两岁那年，举家从上海搬到了天津。这是坐落在英租界的一座洋房，房子是张佩纶为自己结婚购置的。张志沂来到这里，再无人干涉，便有恃无恐地尽情享乐。反正，他有花不完的钱，黄素琼的陪嫁也足够让他逍遥一生。

只是他没有想到，这位大家闺秀走了，带着她的家当，飞去了英国。那时，她已不再叫黄素琼，而是改叫黄逸梵了。少了她的阻碍，他更加开心自在，奢靡无度。他将在外面包养的妓女带回了家，唤她老八。他吸食鸦片常常过量，搞得用人们担心不已。

他认为，这是快乐，他要去追求。在张爱玲看来，他的内心总有一股无所适从的寂寞。她记得，小时候常见到父亲屋子里胡乱摊着各式小报，还常常读《红楼梦》和《三国演义》等作品。她看着他在房间里一坐就是一下午，在那里坐得久了，便觉得沉下去，沉下去了。

老八的到来，给家里增添了不少欢乐，她置办酒宴，歌舞升平。她在《私语》里写过这位姨太太："母亲去了之后，姨奶奶搬了进来。家里很热闹，时常有宴会，叫条子。我躲在帘子背后偷看，尤其注意同坐在一张沙发椅上的十六七岁的两姊妹，打着前刘海，穿着一样的玉色袄袴，雪白的偎倚着，像生在一起似的。"

张爱玲早见过老八，张志沂带她去过风月场所。老八是妓女，

第一章

临水照花：民国才女初入凡尘

过惯了骄奢淫靡的生活，脾气十分暴躁。她经常打骂用人，有时还与张志沂交手，可是，她对张爱玲却是喜欢的。

她给张爱玲吃奶油蛋糕，给她鲜艳的糖果吃，还给她做雪青丝绒短袄长裙。她私下里问张爱玲："看我待你多好！你母亲给你们做衣服，总是拿旧的东拼西改，哪儿舍得用整幅的丝绒？你喜欢我还是喜欢你母亲？"

一个单纯的孩子，不懂老八要拿她的母亲做比较，也不懂人与人之间的你争我斗，更不懂有些笑里藏了刀。她只知道，老八待她好，比母亲好，母亲不让她多吃奶油蛋糕，不给她新衣穿，也不让她多吃糖果。两者相比，她开心地回答："喜欢你。"

一句无心童言，长大之后的张爱玲为此内疚了一辈子。她觉得自己见利忘义，实属不该。遥想离开的天，黄逸梵也是伤心的。她对子女怎能不爱，只是她必须为自己寻个活路。张爱玲在文章里写道："上船的那天她伏在竹床上痛哭，绿衣绿裙上面钉有抽搐发光的小片子。佣人几次来催说已经到了时候了，她像是没听见，他们也不敢开口了，把我推上前去，叫我说：'婶婶，时间不早了。'（我算是过继给另一房的，所以要称叔叔婶婶。）她不理我，只是哭。她睡在那里像船舱的玻璃上反映的海，绿色的小薄片，然而有海洋的无穷尽的颠波悲恸。我站在竹床前面看着她，有点手足无措，他们又没教给我别的话，幸而佣人把我牵走了。"

不管黄逸梵多么不舍，她走后日子还是要过下去的。离别的

生命有它的图案

　　愁绪属于大人，对于孩子而言，一颗糖果便哄好了。张爱玲和张子静有保姆照顾，对于母亲的缺失，并没有太大遗憾。保姆"何干"对她很好，张子静的保姆"张干"待他也不错。因为爱玲是个女孩，何干自觉心虚，便凡事都让着张干。也因此，张爱玲小时候便升起了男女平等的思想。她不服气，她要锐意图强，务必胜过她的弟弟。可弟弟张子静说，张爱玲的要强是多余的，因为她不必锐意图强，就已经胜过他了。确实，张爱玲天资聪颖，弟弟有点不争气，他从小体弱多病不说，还很喜欢哭，好容易生得大眼睛长睫毛，还有点糟蹋了。他后来逃学、忤逆、没志气，更是让爱玲看不起。

　　小爱玲四岁不到时，家里便为她和子静请了私塾先生，他教他们诵读诗书，教他们用毛笔蘸了水写大字，还讲《三国志演义》给他们听。爱玲喜欢他，给他取名叫"毛物"，毛物的妻子取名叫"毛娘"。毛娘艳若桃子，生着一张鹅蛋脸，还有些才气，也深得爱玲的喜爱。爱玲在日常里，编织着自己的故事，在秋千架上放飞着自己要强的梦想。她不时会收到母亲从英国寄来的衣服，这是她最开心的时刻，每次穿上新衣，便觉得如新年般喜气洋洋。她也收到过母亲寄来的各种玩具，她一个，弟弟一个，这很像平淡生活里无意中遇见的小惊喜，让她欣喜不已。

　　日子，就是这么悲喜交加地过着，有快乐，亦有悲伤，快乐短暂，悲伤且长。在她的记忆里，有一位唤作"二大爷"的老人，她每次去请安，老人家永远坐在藤椅上，问她："你认了多少字了？"

临水照花：民国才女初入凡尘

或者就是"背个诗给我听"。

小爱玲喜欢读书，更喜欢吟诗作对，老人家考不倒她。可是，每次他听到"商女不知亡国恨，隔江犹唱后庭花"时，眼圈就会红，接着便流下了泪。她功课好，难道不是一件令人开心的事吗？

他和父亲一样，喜欢坐在椅子上，就这样沉下去。她不懂前朝遗风是什么，不知苍凉为何物，更不懂热泪下的悲戚。可是，她亦是看懂了的，她说，大人不懂孩子，可是孩子却看透了大人。

许是见惯了生命的一声声叹息，才成就了她笔下一个个落寞苍凉的故事。甚至，连她的人，也活出了孤寂，活成了天上的一轮圆月，永远干净纯粹，永远孤傲苍凉。

回到上海

人生中，许多值得回忆的片段，往往是悲伤多过快乐。记得有人说，作品只有悲伤和痛苦才是深刻的。于是，许多艺术家为了艺术上的成就，宁愿选择孤独与痛苦。要知道，江山更替，沧海桑田，无论繁华盛世，还是动荡乱世，人们永远有堕落的借口，却无好好活下去的理由。多少人，被时代的大风吹干了眼泪，被历史的枪炮弹药击得满身是伤，但物换星移，就算能回到盛世平宁又如何，一个人想要堕落，与时代终究是没关系的。

同样的时代，黄逸梵选择了抗争，不管世人如何说她冷酷无情，她都要为自己找一个活下去的理由。而张志沂选择了就此沉沦，他抱怨自己不得志，抱怨民国不如前清，在悲叹中日渐萎靡。同样的出身，张爱玲要打破男女不平等的枷锁，强过弟弟，而在家里吃香的男孩子静，却活得不争气。张爱玲不怨天尤人，她的

第一章

临水照花：民国才女初入凡尘

骨子里有母亲的倔强与坚强，她孤傲、冷漠，亦有父亲对于世事的悲叹。

爱玲幼时抓阄，亲朋好友都来参加这场盛大仪式，他们对爱玲充满期待，希望她将来是一个温柔可人、读书知礼的女子。大人们伸着手，带领着她，希望她走到书籍、派克笔、绣花布前。爱玲有些茫然，眼神带着疑惑，对大人的笑脸却是不屑的。她连走带爬，一步一步往前挪，最终选择金锭不放手，任谁也不能拿走。

大家闺秀，一身铜臭成什么体统。她的抓阄令人失望，众人不欢而散，可她却啃金锭啃得笑了。她高贵，她孤冷，可她也活得现实。后来，她为了稿费，字字计较，为了省钱，在家里存印刷纸。她一直懂得，钱能给女人尊严，赚钱能证明她的价值，她从不认为低头求生活是卑微的姿态，反而看不起饿肚子的假高贵。

黄逸梵刚走，老八就住了进来。她不讨好老八，对她的示好也不拒绝。她就是这样看着，看她雍容华贵，看她娇艳欲滴，看她和张志沂打架。骨子里高贵的张志沂，连妻子和妹妹的话都充耳不闻，对这个大打出手的女人又如何能忍？他们打了几次以后，老八再也受不了了，凶神恶煞地拿起痰盂朝张志沂丢了过去。她在气头上，力道太大，痰盂落在张志沂头上，顿时血流如注。家族人听了这件"丑闻"，建议张志沂将老八赶出家门，好保住家族颜面。他再也不能忍了，一个妓女而已，又不是八抬大轿明媒正娶的女人，何必受她的窝囊气？

生命有它的图案

一个女人，从进门便注定了结局，她的下场早可预见。她在这座豪宅里风光过，奢华过，即使被赶出去，也不过是回到从前，没什么失去的。她走的那天，爱玲坐在楼阁的窗台上，看见她走出大门，大门里缓缓开出两辆车，据说都是她要带走的银器古董。见她远去，用人们松了一口气，都说："这下子好了！"爱玲心无波澜地看着这一切，她早已经历别离，母亲的离开都不伤感，老八的离去又有何悲伤？

老八走后，热闹喧哗的家骤然变得安静，如同一杯混浊不堪的水，静置后有些东西也便浮出了水面。近些年来，张志沂吸鸦片、养妓女、和姨太太打架等丑闻传遍大街小巷，在津浦铁路局里的同事很是瞧不起他。他的工作，是个闲职，不过是为了有个脸面。如今，他的恶习牵连到堂兄被迫免去了交通部部长的职务。他失去靠山，人品又差，受到上司和同事的排挤，只能辞职离开。

情场、职场双失意，孤独无助的张志沂冷静下来后，回忆起曾经的往事来。那时，他有一双儿女，有一个奋进的妻子，她虽然唠叨，但一切都是为了他好。他给远在英国的黄逸梵写信，承认错识，痛改前非，决意戒掉鸦片，不再纳妾，只求她回到他身边。

黄逸梵同意了。她当初离开，并非对家庭死心，而是对这个男人死心了。如今，他主动提出改变，她又怎能不原谅呢？后来，她对爱玲说："有些事等你大了自然就明白了。我这次回来是跟你父亲讲好的，我回来不过是替他管家。"

第一章

临水照花：民国才女初入凡尘

这一年，张爱玲八岁，她在天津的快乐生活也将戛然而止。她听父亲说，他们一家要回到上海。上海是哪里，她不知道，她只知道，那是一个陌生的地方，如同即将回国的母亲。她离开太久，久到快要忘记她的样子了。

爱玲登上了开往上海的船，这是她有记忆以来第一次登船。船上一切都是新鲜的，快乐的，她后来在文章里写道："坐船经过黑水洋绿水洋，仿佛的确是黑的漆黑，绿的碧绿，虽然从来没在书里看到海的礼赞，也有一种快心的感觉。睡在船舱里读着早已读过多次的《西游记》。"

船只抵达上海，这座风起云涌的大都市是陌生的，它比天津更繁华，更令人目不暇接。"到上海，坐在马车上，我是非常侉气而快乐的，粉红地子的洋纱衫裤上飞着蓝蝴蝶。我们住着很小的石库门房子，红油板壁。对于我，那也是有一种紧紧的朱红的快乐。"

张志沂没有回到二伯父家中，他们住在石库门房子里。回到上海，他心力交瘁，加上旅途劳累，为缓解疲惫，打了过度的吗啡，差点死过去。他独自一人坐在窗子前，不开任何一盏灯，伴着南方特有的阴冷潮湿的雨，像疯子一样说着胡话。爱玲看着父亲，第一次感到害怕，好在一切有惊无险。

家里的用人喜气洋洋，不断地跟她说，母亲和姑姑要回来了，她应该高兴点。确实，离人归来，应该有所期待，更何况是她的母亲。

生命有它的图案

她没有，只是静静地看着一切发生，看着母亲和姑姑风风火火地回来。她感觉不到温情，无法体会父母之爱，对于这个在外漂泊四年的女人，她对她的感情一点儿也不深。

后来，张爱玲遇到胡兰成，他说她是民国世界的临水照花人，他也说她是个无情之人。张爱玲是无情的吗？不，不是的。她说过："见了他，她变得很低很低，低到尘埃里，但她心里是欢喜的，从尘埃里开出花来。"

她自然不是无情的，不然不会为了爱变得很低很低。只是，她出生在这样的大家族，更加懂得那份欢喜要放在心里。母亲离开，父亲荒淫无度，她能去爱谁？如果投入太多情感，他们的冷漠注定把她伤得千疮百孔。淡漠爱恨，是自保的最佳方式。

不过，她说过，她是爱着她的母亲的。因为她像母亲，她懂得母亲的选择，所以，在于母亲，她选择了慈悲。

临水照花：民国才女初入凡尘

不再完整的家

是的，在旧时代，不管多么前卫的女人，对于丈夫的种种恶习，仍然要选择原谅。原谅，不是委曲求全，而是相信他愿意真心悔过。她是女人，是女人就渴望有一个家，更何况她家中还有一双儿女。她在外漂泊太久，有些疲累，有些担心家中的孩子们，他们到了入学的年龄，她必须亲自回国安排。

黄浦江上，无数艘轮船来来往往，它们送客旅，也迎归家的远方游子。张志沂一封决意悔改的信，劝回了黄素琼和张茂渊。她们一路风尘仆仆，几年国外时光，早已不知今日的大上海是怎样一番景象。

爱玲记得，母亲回家那天，她穿上了最喜欢的小红袄，母亲看到她的装扮有些心疼："怎么给她穿这样小的衣服？"黄逸梵在外漂泊许多年，今日的大上海逐渐与国际接轨，正发生着翻天

生命有它的图案

覆地的变化，而她的一双儿女却还活在旧时传统中。张子静说，母亲回国，一方面是为了挽救婚姻，另一方面是他和姐姐到了入学的年龄，希望他们能摒弃旧时私塾教育，去学校接受多元化教育。

张志沂看到黄逸梵回来，激动万分，发誓改掉恶习，留住他的妻子。他被送到医院，接受戒毒治疗，这个家一时间变得其乐融融，一片祥和。他们一家搬进了宝隆花园的一幢欧式洋房里，屋顶是尖的，一共有四层，门前有小花园，客厅很大，还有壁炉。张爱玲在《私语》里记述了这个家："我们搬到一所花园洋房里，有狗、有花，有童话书，家里陡然添了许多蕴藉华美的亲戚朋友。我母亲和一个胖伯母并坐在钢琴凳上模仿一出电影里的恋爱表演，我坐在地上看着，大笑起来，在狼皮褥子上滚来滚去。"

爱玲很喜欢这个家，她和弟弟欢喜地在楼梯间跑上跑下，常常开心地大笑。她还喜欢抱着狗，跟狗狗做游戏，给它读童话书。她有专门的房间，墙壁可以按自己的喜好随意调配颜色。爱玲第一次感觉到了自在，她仿佛住进了童话的世界，有了属于自己的城堡。她开心地给之前在天津时的玩伴写信，告诉对方自己现在的生活，房子的样式，甚至画了几个图样给她看。爱玲没有收到回信，她暗暗地想，这样粗俗地炫耀，如若她收到这样的信，也定是不会回的。

黄逸梵注重儿女的教育，让他们学习绘画、弹钢琴、英文。那种西洋式的浪漫气息影响着爱玲，让她对母亲有了新的认识。

第一章

临水照花：民国才女初入凡尘

关于她的母亲，她后来也说过："因为我一直是用一种罗曼蒂克的爱来爱着我母亲的。她是个美丽敏感的女人，而且我很少机会和她接触，我四岁的时候她就出洋去了，几次回来了又走了。在孩子眼里她是辽远而神秘的。有两趟她领我出去，穿过马路的时候，偶尔拉住我的手，便觉得一种生疏的刺激性。"

母亲时尚，穿漂亮的洋装，弹钢琴，会跳舞，告诉爱玲伦敦是一个怎样的城市。听着母亲这四年的故事，爱玲心里常常伤怀，母亲的世界她无从参与，只能像听一段段历史过往，有时听着听着，竟掉下泪来。世间冷暖，也并非母亲口中说得那般繁华，她懂得那些华丽的外表下，一定藏着一颗孤寂的心。

黄逸梵留洋回来，见识过外面男女平等的世界，她不想让爱玲重蹈覆辙，决意让她接受西式教育。张志沂不愿意在这方面花钱，坚持认为私塾教育更好。他们再次争吵，声音越来越大，偶尔还夹杂着母亲的哭声和摔东西的声音。张干和何干陪着两个孩子，无奈地叹息："又吵起来了！"

吵就吵吧，在子女教育上产生分歧，不是什么大不了的事。只是，张志沂出院后并没有信守承诺，又开始吸鸦片，让黄逸梵对这段婚姻失去了最后一丝期望。她不顾张志沂的反对，坚决送爱玲去美国教会办的黄氏小学做六年级的插班生。"十岁的时候，为了我母亲主张送我进学校，我父亲一再地大闹着不依，到底我母亲像拐卖人口一般，硬把我送去了。"

生命有它的图案

这一年，爱玲十岁了，因为有之前的国学基础，直接跳到了六年级。在报名处，黄逸梵为爱玲的名字犹豫，总觉得"张煐"不够响亮，不够生动。一时间，她又想不出更好的名字，她嘴里轻轻念着"Eileen"，想了想给这个英文名字译成了中文，写下了"张爱玲"三个字。黄逸梵想着，名字是暂时的，日后想好了再改也不迟，只是她没想到，张爱玲三个字会被写进历史，会成为日后风靡华人世界的名字。

尽管对"张爱玲"这个名字并不满意，甚至觉得恶俗不堪，不过她最终还是从容地接受了。她说："我愿意保留我的俗不可耐的名字，向我自己作为一种警告，设法除去一般知书识字的人咬文嚼字的积习，从柴米油盐、肥皂、水与太阳之中去寻实际的人生。"

黄逸梵也想把儿子"偷"出来，张志沂有了前车之鉴，对儿子看护得更紧了，黄素琼只好作罢，让他继续接受私塾教育。这样一个固执己见的男人，思想中的浅陋如同他的鸦片，是再也戒不掉了。他曾经信誓旦旦地承诺改掉恶习，如今又欣然毁约吸得没完没了。她提出离婚，他不同意，他怕她像之前一样说走就走，便再次使用小伎俩，不再为家庭支付生活费用，让她花钱贴补家用。他想的是，等黄逸梵花光了积蓄，便只能在家里相夫教子了。

这种卑劣的行为，不是留住她的方法，而是更加坚定了她离婚的决心。她在他面前，从不妥协，之前不，现在也不。她找了

第一章

临水照花：民国才女初入凡尘

外国律师，用法律的武器保护自己。办理手续时，张志沂犹豫徘徊，几次拿起笔又放下，长叹一声又再次拿起笔。律师看他如此不舍，问她是否要改变心意，她绝望地说："我的心已经像一块木头！"

张志沂听完，无奈地在离婚协议书上签了字。黄逸梵这次离开，仍然把一双子女留给他。在离婚协议里，她放心不下子女的教育，特别强调，日后爱玲要进什么学校，都必须经由她的同意，教育费用仍由张志沂负担。

两人终于离婚了。经历了日吵夜吵，爱玲并不希望这段婚姻维系下去。因为再继续吵下去，只怕有更大的破碎要来。父亲喜欢鸦片，母亲喜欢自由，两人离婚各自解脱，又有什么不好呢？

只是，对于张志沂的行为，爱玲是鄙视的。她后来写的小说《金锁记》《倾城之恋》《小艾》等，都出现过男人企图欺骗女人钱财的情节。钱，到底是什么？之前，她并没有深刻的认识，这一次她意识到，有了钱就能获得自由。假如，母亲没有丰厚的资产，她又如何能潇洒地说走就走？

母亲搬走了，和姑姑张茂渊搬到法租界的一座西式大厦，买了一部白色汽车，雇了一个外国人司机，还请了法国厨师。母亲的日子时尚而优雅，生活更是完全西洋化。这个家有耀眼闪烁的吊灯、牛皮沙发、专门的绘画室，地上铺了瓷砖，洗手间装了浴盆，厨房使用的是煤气。爱玲喜欢这个家，常常一待就是一天，与母亲相比，张志沂离婚后带着全家从原来的洋房里搬了出去，在弄堂里将就生活着。

　　他有了她，生活更加丰富多彩了，可他不懂珍惜；他少了她，日子越发颓废，沦落得只剩下最后一点儿尊严。之前，她是他的女人，他们门当户对，金童玉女；之后，他们各自奔天涯，再不是同路人。她一直知道自己想要什么，包括这段不堪的婚姻，也是想清楚之后的回归；他一直被迫选择，哪怕挽回她，也不过是人生失意时的无奈之举。

　　姻缘天注定，既然如此，就顺其自然地走下去。父母离异，他们都没有征求过孩子的意见。爱玲想让他们彼此解脱，但她也不尽然全是祝福，在她幼小的心灵里，受伤也是在所难免的。只是，她只能顺其自然地走下去，无论这条路多艰难，都必须云淡风轻，像什么也没发生过一样。

第 二 章

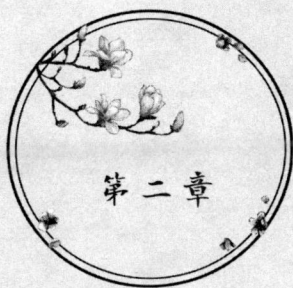

出名趁早：天才不是梦

哭给自己看

　　童年如画，色彩斑斓，一颗童心总是这般澄澈明亮。无论坎坷与平坦，快乐总比苦闷多。没爱过，不懂寂寞，悲也是喜；爱过后，尝到如蜜般的甜，往常欢喜的日子也变得苦闷了。那些洋装点心、弹琴跳舞的幸福日子，就这样不见了。渐渐地，悲伤爬满心头，默然期许的公主梦，也彻底地醒了。

　　黄逸梵回来的时候，为爱玲建造了一座城堡，她活得像个公主。她爱母亲，母亲竟是这样神秘、高贵、雅致，连同爱玲的生活也变了样。黄逸梵搬走了，爱玲被打回原形，连同那座城堡也碎了，她孤零零地行走在风雨中，却发现，自己早已变成卖火柴的小女孩。当初母亲搬走时，爱玲是高兴的，至少母亲在，她有安慰，有寄托。当黄逸梵跟她说，要去法国学习绘画时，爱玲一颗火热的心才没了温度。黄逸梵是自由的，无论何时，家庭、子女，永远都不会

生命有它的图案

是她的束缚。

那时爱玲住校，母亲临别前去学校看望她。母女二人道别，爱玲把这次离别的场景，化作了文字："她来看我，我没有任何惜别的表示，她也像是很高兴，事情可以这样光滑无痕地度过，一点麻烦也没有，可是我知道她在那里想：'下一代的人，心真狠呀！'一直等她出了校门，我在校园里隔着高大的松杉远远望着那关闭了的红铁门，还是漠然，但渐渐地觉到这种情形下眼泪的需要，于是眼泪来了，在寒风中大声抽噎着，哭给自己看。"

人就是这样矛盾，一面希望自己被挽留，一面又希望洒脱无羁；一面坚忍与漠然，一面哭给自己看。这时的张爱玲，不过还是个孩子，却在母爱的缺失中，懂得凡事冷漠才是对自己最好的保护。她爱过母亲，因为爱过，所以懂得离别的痛。后来，她的作品也总是透露出人性的悲凉与漠然，她很少温情，极少怜悯。在生活里，她也不再喜欢小动物，讨厌一切需要付出感情的东西。

她爱自己，如同母亲一样，不愿被人束缚，纵然胡兰成说她是个无情的人，她仍要走得决绝。她母亲说"心真狠呀"，怕是胡兰成也说过这话吧。可是我们都知道，她并非无情，她会哭，也会伤心难过，只是，那份深情只给自己看。

母亲走了，姑姑还在。她一点儿也不喜欢父亲的家，常常去姑姑家。父亲是她所看不起的人。她在《私语》里是这样写的："有我父亲的家，那里我什么都看不起。鸦片，教我弟弟做《汉高祖论》

第二章

出名趁早：天才不是梦

的老先生，章回小说，懒洋洋灰扑扑地活下去。像拜火教的波斯人，我把世界强行分作两半，光明与黑暗，善与恶，神与魔。属于我父亲这一边的必定是不好的……"事实上，她的父亲真叫人失望。离婚这件事，对他打击太大，鸦片已不能麻木他痛苦的心，他甚至开始打吗啡。他雇了一个专门为他打吗啡的男仆，整日沉浸在死亡边缘。

他的身体和精神日渐衰弱，神经也开始出问题，亲戚朋友知道这件事情后，都不敢上门看他。爱玲冷冷地看着这一切，不说话，也不感到害怕。用人给张茂渊打电话，这才把张志沂送到了中西疗养院，做毒瘾戒除治疗。

张志沂在医院里待了三个月，出院没多久，全家搬到了延安中路原名康乐村十号的一幢小洋房里。这座洋房离爱玲舅舅家很近，张志沂和爱玲的舅舅都是晚清遗少，都是坐吃家底，都爱吸鸦片。两个人臭味相投，张志沂离婚这件事，丝毫不影响他们的感情。

张爱玲住校，偶尔回家便忙着剪纸、绘图，制作圣诞卡片和新年卡片。她热情而专注，不许人打扰，把自己投入到一方世界去。做得满意，就送给姑姑，寄给远在国外的母亲；做得不满意，就留下来自己看。她说，有太阳的地方使人瞌睡，阴暗的地方有古墓的清凉。在这里，她是清醒的，看到了世间所有的堕落，可是她不喜欢这里。清醒使人痛，昏昏欲睡不是更好吗？

她大概是不信爱了的，所以遇到感情的事便想到逃离。后来，

生命有它的图案

她与胡兰成分手，与姑姑不再往来，与好友炎樱也断了联系，故人的信寄去一封又一封，她任由那信件在邮箱里落满灰尘。她屡次搬家，躲避着一切人和事，就想搬到一个无人知晓的小角落。

她尤其记得，母亲带她学钢琴时，跟她说："既然学琴要用一辈子来练习，那更要爱惜自己的琴才行，每天洗过手才能触碰那些雪白的琴键子，还要经常拿绿色鹦哥绒布去擦，让它锃亮如新才行。"

那时，她也继续学习弹钢琴，但到底不如黄逸梵在时弹得勤了。一个人的世界，有些无聊和无奈。她说过，中学时代是不愉快的，内心觉得压抑，面对人和事，总是沉默相待。是母亲让她大笑，也是母亲让她大哭。在灰扑扑的、喋喋不休的私塾先生那里，她得到了一本书，叫作《孽海花》，里面记录了祖父张佩纶和曾外祖父李鸿章的故事。她十分关心张佩纶和李菊耦的爱情故事，闲暇时常常跟弟弟谈论文学。她跟弟弟说："积累优美词汇和生动语言的最佳方法就是随时随地留心人们的谈话，不管在何处，车上、家里、学校里、办公室里，一听到就设法记住，写在本子里，以后就成为你写作时最好的原始材料。"

她开始喜欢读散落在房间里的各式小报，在豆腐块的文章里释放着内心的压抑情绪。她在家里胡乱寻找可读的读物，然后就翻出一本《海上花列传》来。这本书用吴侬软语写了许多妓女的对白，她读不懂，便缠着私塾先生为她讲解。苏州土话，从一位

第二章

出名趁早：天才不是梦

老先生嘴里念出来总有点怪，常常逗得爱玲哈哈大笑。她慢慢地喜欢上了这本书，后来还将这个故事翻译成了英文和普通话。

即使这样，也不能改变压抑本身，她爱了，亦恨了，可笑过哭过之后，终究只剩下一片寂寞。她开始幻想未来的生活，她渴望中学毕业后去英国读大学，她要比林语堂还出风头，要穿最别致的衣服，她要周游世界，要在上海有自己的房子，过一种干脆利落的生活。

许是与父母的情感纠缠了太久，她终于想明白，她要的是干脆利落的人生。她讨厌没完没了的痴缠，她宁可不付出，宁可自断所有牵挂，哪怕满身是伤，也要断得干脆。

她不是无情，只是因为曾受过伤。只是，一个人的伤口，有必要拿给外人看吗？你的一个转身，她已满身是伤，她偷偷地藏起流血的伤口，待你走后独自舔舐。你以为，她无情、冷漠，其实，那哭给自己看的满身伤痛，你只是看不到罢了。

要比弟弟强

时间，是最好的良药，那些自以为过不去的坎儿，随着时间都淡了。时间，也是最残忍的毒药，你的伤口刚刚愈合，它却把你推向另一个岔路口。尽管这样，依然要含泪饮下，因为那看似有选择的路口，往往是一条又一条的死路。你能走得通的，只有早已被人安排的那条。哪怕你已山穷水尽，亦不会有转弯的机会。

爱玲自入学后，过着寄宿的生活，周末或放假时才会回家。尽管她不喜欢父亲的家，还是喜欢与父亲聊天的。她喜欢两个寂寞的人，在烟雾缭绕中谈文学，还喜欢把自己写的文章拿给父亲看。

小的时候，爱玲立志要比弟弟强，那时她太小，无力证明自己。当她迷上写作，她的作品总能得到父亲的夸赞。二十岁那年，她的一篇小说《不幸的她》发表在了圣玛利亚女校校刊《凤藻》上。文章不长，仅有一千四百多字，情节也相对稚嫩，但是对于

第二章

出名趁早：天才不是梦

一个十二岁的孩子来说，无疑证明了自己的天分。《不幸的她》是一个纯洁美好的女性被毁灭的故事，面对命运，女主只能逃离，如浮萍般度过一生。

"我不忍看你的快乐，更形成了我的凄清！别了！人生聚散，本是常事，无论怎样，我们总有藏着泪珠撒手的一日！"这支孤独冷艳的笔，借小说写出了她与母亲离别时的愁绪。那时的张爱玲，早已习惯别离，人生聚散，她亦能藏起泪珠，淡漠应对。

许是黄逸梵的离开，让张志沂越来越寂寞。他为了打发寂寞，常陪爱玲逛街、买点心，还给她讲解有关戏剧的知识，云板、响板、新剧、旧剧等。八岁时，爱玲爱上了《红楼梦》，央求父亲把这本书送给她。在圣玛利亚女校那几年，她最为钟情的是研究《红楼梦》，和父亲谈论最多的也是《红楼梦》。后来的张爱玲，每隔三五年就要重读一遍《红楼梦》，她曾说："每次的印象各各不同。现在再看，只看见人与人之间感应的烦恼。——个人的欣赏能力有限，而《红楼梦》永远是'要一奉十'的。"

《红楼梦》再好，也有它不完美的部分。张爱玲一生有四大恨事："人生恨事：（一）海棠无香；（二）鲥鱼多刺；（三）曹雪芹《红楼梦》残缺不全；（四）高鹗妄改——死有余辜。"她爱上写作以后，写过一部章回小说《摩登红楼梦》，这部小说分为上下两册，故事是将古典人物现代化，并对世态狠狠地做了批判。张志沂读完，对她的小说赞叹不已。令张志沂赞叹的还有

生命有它的图案

爱玲发表在《国光》刊物上的《霸王别姬》。这篇小说写的是项羽失败时，穷途末路而身亡，而这位叫虞姬的女子未卜先知，在项羽还没有完全失败时，决绝地选择自我了断。

　　"虞姬，我们完了。看情形，我们是注定了要做被包围的困兽了，可是我们不要做被猎的，我们要做猎人……" "虞姬，披上你的波斯软甲，你得跟随我，直到最后一分钟。我们都要死在马背上。"

　　…………

　　虞姬微笑。她很迅速地把小刀抽出了鞘，只一刺，就深深地刺进了她的胸膛。

　　…………

　　项羽把耳朵凑到她的颤动的唇边，他听见她在说一句他听不懂的话："我比较欢喜这样的收鞘。"

这一年，张爱玲十七岁。她的文字成熟老辣，人生早已被她看得透彻。汪宏声先生夸她说："说爱玲的《霸王别姬》与郭沫若的《楚霸王之死》（注：应为《楚霸王自杀》）相比较，简直可以说一声有过之而无不及，应该好自为之，将来的前途是未可限量的！"爱玲做到了，她做到了比弟弟强。人人夸她是个天才，可她知道，她为了这个天才梦努力过。她从小熟读《红楼梦》《老

第二章

出名趁早：天才不是梦

残游记》《醒世姻缘》《金瓶梅》《海上花列传》《二马》《离婚》等作品。另外，她还喜欢鲁迅的《阿Q正传》，巴金的《家》，丁玲的《太阳照在桑干河上》等。除此之外，对于外国文学《战争与和平》《消失的地平线》《琥珀》等，更是十分喜爱。她说："我是一个古怪的女孩，从小被目为天才，除了发展我的天才外别无生存的目标。"

没有谁能随随便便成功，张爱玲也没有意外。她从小耕耘文学这片天地，在学校发表数十篇文章，这是她人生中的积累，为日后大红大紫做着准备。她爱读书，中学时就已近视，戴上了一副淡黄色镜框的眼镜。她个子高、清瘦、朴素，总是面无表情地坐在最后一排的座位上。她不美丽，她的才情却不得不令学校的同学欣羡。

除了写作，给学校刊物投稿外，她不参加任何诗会、歌团。她不喜与人亲近，给同学的印象是骄傲又淡薄。她天资聪颖，各科成绩都是甲或A，惹得同学们有赞赏，有羡慕，更有一些小嫉妒。

她写过一篇小说《牛》，讲述了禄兴娘子失去一切的故事。禄兴娘子家里有一头肥硕而壮实的牛被牵走了，接着她那只分量十足、亮晶晶的银簪子也被卖掉了，后来她挨饿受冻攒钱买下的小鸡被当成借牛春耕的租金，最后禄兴娘耕田时被牛顶死了。爱玲这篇小说的风格保持了一如既往的苍凉感。

"她哭得打噎——她觉得她一生中遇到的可恋的东西都长了

生命有它的图案

翅膀，在凉润的晚风中渐渐飞去。""缺少了吱吱咯咯叫的鸡声和禄兴的高大的灯前晃来晃去的影子的晚上，该是多么寂寞的晚上呵！"

这篇小说，似乎不符合她的年龄和家庭背景。她出身名门，从小由保姆照顾，农耕生活于她而言太过遥远。不过，在民国时代，农耕文明是十分普遍的，在那片贫瘠的土地上，每天有各种悲剧故事上演，却极少有人关注他们的落寞与悲凉。花样年华，青春年少，正是人生好时节，看到的该是青山碧水，诗情画意的人生。可她，偏感叹人生稍纵即逝，感叹美人迟暮。

这与她的经历有关。黄逸梵走后没多久，她还没过几天安静日子，父亲张志沂再次不安生了。

1933 年，上海房地产大热，张志沂的房产升值不少，有了钱，之前的亲戚开始上门。他们给张志沂找了一份工作，给银行买办孙景阳做助理。孙景阳看他家境不错，便把孙用蕃介绍给了他，他动了再娶的念头。

张爱玲住在学校，对父亲再娶的事并不知情。周末时，她去姑姑张茂渊家，姑姑轻轻地说："你父亲最近要结婚了。"

那年爱玲十四岁。对于听到这则消息的感受，许多年后，她写进了《私语》里："我父亲要结婚了。我姑姑初次告诉我这消息，是在夏夜的小阳台上。我哭了，因为看过太多关于后母的小说，万万没想到会应在我身上。我只有一个迫切的感觉：无论如何不

出名趁早：天才不是梦

能让这件事发生。如果那女人就在眼前，伏在铁阑干上，我必定把她从阳台上推下去，一了百了。"

见爱玲哭了，张茂渊淡淡地劝她："那都是大人的事，总不能让你父亲以后就不娶吧，不老不小的，屋里没个说话的女人也不行。"

父亲离婚，没同她商量过；父亲再婚，亦没听过她的意见。不是她太绝情，是她早早便知人生许多事没得选。一切，只能留给时间，待她慢慢长大——大到，可以挣脱牢笼；大到，可以为自己遮风避雨。

世事无奈，百转千回，走过去了，就好了。

后母的不满

世事飘忽，人海沉浮，无论是谁，都不是一帆风顺的。苦难总在趁人不备时，悄悄地爬上命运肩头，你哭过，闹过，挣扎过，最后还不是把一切交给流年，任它随风而逝。

1934 年夏天，张志沂和孙用蕃在礼查饭店订婚，半年后在华安大楼结婚了。张爱玲和张子静参加了父亲的婚礼，她和姑姑、表姐坐在一起，突然想起了母亲。母亲将来是否也会嫁人，给她找一个后爸？如今，母亲又在哪里，过着怎样逍遥自在的人生？父亲迎娶的这位后母，又是否如同小说里写得那般蛇蝎心肠？

她不得知，只能走一步看一步，好在她住校，不用日日与后母朝夕相处。

说起孙用蕃，也是大家庭出身。孙用蕃的父亲孙宝琦有一妻四妾，生有八子十六女。孙用蕃是孙宝琦的第七个女儿，结婚时

出名趁早：天才不是梦

已三十六岁。婚前，张志沂以为她是个干干净净的女子，婚后才得知，她有"阿芙蓉癖"（即鸦片瘾），因此耽误了婚事，难以与权贵子弟结亲，这才嫁给了他。

孙用蕃和名媛陆小曼是至交，她们两人都爱吸鸦片，所以被称为是一对"芙蓉仙子"。张爱玲也曾参加过她们的聚会，只是她后来从未提起过陆小曼。许是爱玲对后母印象不好，对陆小曼也多几分憎恶吧。当时陆小曼红极一时，多少男人捧她在手里，多少女人败在她的风情之下，她写文章批判终归是与自己有仇。

后母进门，家里换了房子，她认为康乐村十号洋房太小了，劝张志沂搬家。张志沂租下二伯父的别墅，不管租金是否承受得起，孙用蕃始终认为这样是有面子的。

这套别墅，是张爱玲出生的地方（后来分家产时，已落户二伯父名下）。之前的事，她没有任何记忆，当她再次回到这个家，才知它承受了太多的历史印记。那一个个家族故事，一位位历史名臣，原来都与这座老洋房有关。只是，她很难喜欢这个家，这比之前父亲的家还令人窒息。

孙用蕃是一个精明的女人，治理家务更有手段。她不但管着日常开支，家中用人也做了调整，她辞退了原来的老用人，从娘家补了一些新的进来。在嫁进张府之前，她听说爱玲跟她身形相似，便带了两箱衣服送给她。那衣服料子上乘，剪裁得当，但张爱玲却始终认为这是后母的施舍，是侮辱。她在《童言无忌》里写道：

生命有它的图案

"有一个时期在继母治下生活着，拣她穿剩的衣服穿，永远不能忘记一件黯红的薄棉袍，碎牛肉的颜色，穿不完地穿着，就像浑身都生了冻疮；冬天已经过去了，还留着冻疮的疤——是那样的憎恶与羞耻。"

对于这件事，张爱玲选择不原谅。她有着自己的骄傲和自尊，怎能被这样的女人践踏？任是委屈与不甘，她都没得选，只能靠一支笔，批判曾经过往，给她传奇的一生添些跌宕情节。最让张爱玲感到悲哀的是父亲变了。父亲和后母过着骄纵奢靡的生活，对于她的学费却克扣起来。张爱玲记得，每次向父亲要学费，总是得不到回应："我站在烟铺跟前，许久，许久，得不到回答。"

在这个家里，她失去了最后的尊严。骄傲如她，这种伤害无疑是不能被原谅的。不是她不爱父亲，明明是父亲不爱她了。即使这样，她还是要固执地走下去，她所能做的，是努力完成学业，让自己更加优秀独立。

张爱玲对这个家，越看越厌烦了，后母常常折磨何干和张干，连她的弟弟也变了。她在《弟弟》文章中写道："有一次放假，看见他，吃了一惊。他变得高而瘦，穿一件不甚干净的蓝布罩衫，租了许多连环画来看。我自己那时候正在读穆时英的《南北极》与巴金的《灭亡》，认为他的口味大有纠正的必要。然而他只是晃一晃就不见了。大家纷纷告诉我他的劣迹：逃学、忤逆、没志气。我比谁都气愤，附和着众人，如此激烈地诋毁他，他们反而倒过

第二章

出名趁早：天才不是梦

来劝我了。"

张爱玲的气愤，弟弟张子静是不在乎的。他在这个家里处处受欺负，过着得过且过的日子。且不说张爱玲生气，有一次在饭桌上，因为一点儿小事，父亲打了弟弟一巴掌，弟弟面无表情地收拾着震落的饭粒，继续吃。爱玲十分心疼，用碗挡住脸，眼泪悄无声息地流了下来。后母看到了，冷嘲热讽地说："这孩子真奇怪，他没哭，你倒哭起来没完了。"

她束手无策，羞辱万分，扔下碗筷，冲进浴室里，看着镜子里哭泣的脸，咬牙发誓："我要报仇，有一天我一定要报仇。"

再多的愤怒与不甘，都要闷在心里，就像她一心报仇，还不是偷偷躲进洗手间。她说过，有太阳的地方使人瞌睡，阴暗的地方有古墓的清凉。她一个人的时候，便身处阴暗，这使她清醒，知道自己日后要如何活。

仔细想想，你我的人生又何尝不是如此？越是在艰难困苦中，便越清楚自己想要什么，所谓的苦楚，不过是事与愿违罢了。张爱玲在"阴暗"时刻，渴望中学毕业后到英国读大学。母亲黄逸梵为了她出国留学的事，特意赶回了上海。她托人找张志沂谈判爱玲出国的事，张志沂却避而不见。

母亲为她归来，自然是高兴的。这时的张爱玲已出落成亭亭玉立的花季少女，她满身书卷气，个子高高瘦瘦的，即使被丢至角落，也是最独特的那一个。黄逸梵此次回来，浪漫迷人的欧美

生命有它的图案

气息更浓了。她跟爱玲讲述国外的生活、风景、建筑、艺术,这些都令爱玲神往,她出国的念头越发重了。

张志沂迟迟不见黄逸梵,出国的事只好由张爱玲去说。母亲劝她,凡事都要忍耐,毕竟今时不同往日,她有了后母,在父亲面前也要顾及一些。当张爱玲把出国这件事告诉张志沂时,他大发脾气,认为她受到了别人的挑唆。

"我把事情弄得更糟,用演说的方式向他提出留学的要求,而且吃吃艾艾,是非常坏的演说。他发脾气,说我受了人家的挑唆。我后母当场骂了出来,说:'你母亲离了婚还要干涉你们家的事。既然放不下这里,为什么不回来?可惜迟了一步,回来只好做姨太太!'"

这简直是奇耻大辱,爱玲真是受够了。她没说什么,干脆利落地走掉了。此时,淞沪会战爆发,他们每天躲避日军炮火,黄逸梵担心爱玲,派人把她接到了伟达饭店。那段时间,爱玲和表妹黄家瑞住在一起,黄家瑞说她是一个既热情又孤独的人。和姐妹们一起玩时,爱玲放得开,聊天时更是嘻嘻哈哈,可后来,爱玲情绪很低落,不爱说话了,偶尔说上两句,也总是细声细气的。大多时候,她常拿个本子侧脸看人,给人画素描,不然就低头写小说。

除了画画和写作,她不做别的事。

假装冷漠,故作坚强,实则她早已遍体鳞伤。假如可以,她

第二章

出名趁早：天才不是梦

多想逃到一个谁都不认识的地方，被遗忘地活着。她无须向亲人伸手，也无须面对尖酸刻薄的后母，可惜没有假如。

那么只好真冷漠，真坚强，把自己活成一座孤岛。不争朝夕，不争短长，任你是悲，是喜，是伤，在她都无关痛痒。

逃离张家

有些选择一旦做出，便再也无法回头；有些裂缝一旦产生，便再也无法和好如初。都说血浓于水，可是为什么有些亲情，只能彼此伤害，淡漠无情？战火硝烟，江湖风浪，都算不了什么，唯有那伤人的情，比战争还要可怕，比洪水猛兽更令人绝望。所有的所有，只能与它挥手告别，把它封锁进一个叫过往的地方。爱恨情仇，跌宕人生，一个转身，再也不见。

有人说，张爱玲是爱过她的父亲的，她的小说《心经》写的是关于恋父情结的故事，折射出了她对于父亲的依恋和爱。后母嫁入张家前，她和父亲谈文学，看父亲半躺在烟榻上吞云吐雾，虽说怨过他的不争气，可那份迷醉与沉溺，她是心疼过的。当后母进门，她的父亲彻底变了，子女在他眼里仿佛成了一个花钱养育的累赘。他的钱，大把地花在鸦片上，用牺牲她的前途作为代价，

第二章

出名趁早：天才不是梦

贪图那一时的享乐。

她只好求助母亲，一连两个星期都跟母亲住在一起。当外面乱世纷扰平息，她极不情愿回到父亲的家中时，后母阴沉着脸坐在客厅，劈头就问："怎样你走了也不在我跟前说一声？"

张爱玲无奈，只好跟后母说，她跟父亲说过了。后母恼了："噢，对父亲说了！你眼睛里哪儿还有我呢？"说完，后母刷地打了张爱玲一巴掌，爱玲本能地想要打回去，被两个老妈子拉住了。后母看她有还手架势，煞有介事地跑上楼，大叫："她打我！她打我！"紧接着，父亲匆匆赶下楼，不问青红皂白，对她一阵拳打脚踢。

"在这一刹那间，一切都变得非常明晰，下着百叶窗的暗沉沉的餐室，饭已经开上桌了，没有金鱼的金鱼缸，白磁缸上细细描出橙红的鱼藻。我父亲趿着拖鞋，拍达拍达冲下楼来，揪住我，拳足交加，吼道：'你还打人！你打人我就打你！今天非打死你不可！'我觉得我的头偏到这一边，又偏到那一边，无数次，耳朵也震聋了。我坐在地下，躺在地下了，他还揪住我的头发一阵踢。终于被人拉开。我心里一直很清楚，记起我母亲的话：'万一他打你，不要还手，不然，说出去总是你的错。'所以也没有想抵抗。他上楼去了。"

张爱玲在《私语》里记录了当时的场景，她不惜笔墨写父亲打她时的愤怒，无疑这是她人生中最大的一次羞辱，而她对于父亲仅有的一点儿爱，在这场战争中荡然无存。她不甘心被打，她

生命有它的图案

要上报到巡捕房,她像一只愤怒自保的小兽,只想守护住最后一丝尊严。父亲知道后气炸了,拿起一只青瓷瓶子朝她的头扔过去,他没砸中,青瓷瓶碎了一地。

张爱玲哭了,哭得泪如雨下,哭得伤心欲绝。一整天,她没有走出房间,眼泪似乎淹没了楼下的房间,连空气都带着眼泪的咸湿味。

何干担心爱玲,把这件事告诉了姑姑张茂渊。第二天,张茂渊和爱玲的舅舅黄定柱去说情,后母一见便煞有介事地说:"是来捉鸦片的么?"不等张茂渊开口,张志沂从烟榻上跳下来,拿着烟杆朝她的头砸去,姑姑脸上砸出了血,眼镜也碎了,住进了医院。

张茂渊想报巡捕房,又觉此事为家丑,闹得太大实属丢脸,便放弃了反抗。她发誓说:"以后绝不踏进你家的门!"

张志沂发疯了,像一只浑身是刺的野兽,谁来招惹他,便要用他全身的刺去刺伤别人。孙用蕃还是不满,挑拨地说:"既然人也得罪全了,不如将他们都打骂得服服帖帖,弄怕了才好。若服了半拉子软,这帮子人定会接着惹出事端来,到时白白出了学费不说,还会没完没了地找到头上来,是极麻烦的事。"

一个人被压抑得太久,好不容易找到了发泄的机会,又怎么能放过?张志沂这些年不得志,事事不顺心,处处遭人不满,从没有过主动权。如今,在张爱玲身上,他发现可以控制她,在她

第二章

出名趁早：天才不是梦

身上找到自尊，找到做父亲的威严，他必须让她彻底臣服于他的权力之下。

第二天，张志沂便把张爱玲软禁了起来，扬言："你若再惹事端，必要用枪打死你。"

这一囚禁，就是大半年。这大半年，她备受煎熬，在这座她出生的老宅里如同死去一般。曾几何时，血脉至亲也变得这样疏远，这样冷酷无情。她知道父亲不可能打死她，但她担忧，假如关上几年，便会错过上学的最佳年龄。她想要逃跑，整日锻炼身体，保存体力。

那囚禁她的小屋阴暗潮湿，她想要一个健康体魄的愿望没能实现。张爱玲病了，得了严重的痢疾。她躺在灰蒙蒙的床上，等待着外界的人记忆复苏，想起这世间还有一个她。她忘记了身在何处，忘记了年月，只觉得病了太久，要死去了。张志沂没有忘记她，背着孙用蕃亲自给她扎针治疗，只希望她能好起来。在张爱玲的文章中，她记录了被囚禁的这段往事，唯独不愿意提及父亲为她治疗这件事。后来，张子静在写《我的姐姐张爱玲》时，刻意讲到父亲并非那般无情。

其实，她是死心了，如同这个人不复存在了。治与不治又能如何，什么都改变不了。当下，她只有一个念头，就是逃离这座老洋房，逃离父亲的魔掌，逃离这带着令人窒息的过往。她在病中，依然渴望着自由。她望着窗外的白玉兰，那一团团大白花，只觉

生命有它的图案

得像黑夜下脏兮兮的绢帕，在树上垂死地挣扎着，既丧气又邋遢。

哀莫大于心死，心境不同，连花也丧气了。此时的良辰美景，如同华美的生命，终究是蚤子多。她要拿起手中的喷雾剂，杀死这些扰人的蚤子，逃离这令人不堪的地方，逃到光明的地方去。

即使垂死，也要挣扎，如同那窗外的白玉兰，挣扎过后，大美的春天便来了。逃离，逃离，逃离……

她说什么也要逃走！

第二章

出名趁早：天才不是梦

回到母亲怀抱

"山重水复疑无路，柳暗花明又一村。"陆游这语出天然的诗句，放在人生绝望时再贴切不过了。走过一重重山，一道道水，以为再无路可走，转眼间却看到了一个小村庄。绝而复出，无而实有，能被收留的地方都是家，于是以为，那唯一的希望再不会破灭。却也忘记了，人生本不平坦，走过柳暗花明之后，还不是要再去翻一座座山，蹚一道道水？

逃离张家，是爱玲唯一的希望。她被囚禁了太久，黄逸梵也在想办法拯救她。张志沂打过吗啡，懂得如何注射，爱玲得了痢疾后，他一直亲自给她治疗。她的身体渐渐好起来，能扶墙下地，何干心疼她，偷偷给黄逸梵打电话。

黄逸梵三思后，让何干传话给爱玲："你仔细想一想，跟父亲自然是有钱的，跟了我可是一个钱都没有，你要吃得了这个苦，

生命有它的图案

没有反悔的。"她不反悔，她知道，家里钱进钱出，终究不是她的，将来也不一定会轮得到她。她必须出去，尽一切可能求学，这才是她的出路。

一个寒峭的冬夜，张爱玲终于找到了机会。她趁两个巡警换班的时间，悄无声息地溜了出来。她摸着走到铁门边，拉开门闩，打开那道门，当机立断，毫不犹豫地走了出去。她一点儿都不后悔，甚至欣喜若狂，不相信自己已站在人行道上。

"多么可亲的世界呵！我在街沿急急走着，每一脚踏在地上都是一个响亮的吻。而且我在距家不远的地方和一个黄包车夫讲起价钱来了——我真高兴我还没忘了怎样还价。"自由，自由，假如没有囚禁，永远不懂自由的可贵。此时的张爱玲，就是一只出笼的鸟，母亲给了她羽翼，她懂得如何飞翔。

她对那座老宅，没有再见，没有不舍，没有一步三回头，心似发出的箭般只想回到母亲的怀抱。近半年的囚禁时光，让她发现，其实一个人原来没什么，只要一间屋，一碗清粥，几本心爱的书，就能安然地活着。如果她选择孤独一人，纵然世界花团锦簇，与她又有何干？离开父亲，跟着母亲，她没有失去，没有。她无须悲伤，无须悔恨，只求未来的路能一帆风顺，事事如意。

张爱玲义无反顾地投奔，无疑是给母亲雪上加霜。母亲没有工作，没有收入，靠吃家产过活。这里的日子，不似父亲那边衣食无忧，有保姆照顾。那时，姑姑因为炒股票损失惨重，汽车卖了，

第二章

出名趁早：天才不是梦

司机和用人也都辞退了。她们三个女人，凡事都要靠自己，再不是曾经风光又高贵的富家小姐了。

张爱玲在艺术上是天才，写作、弹钢琴、绘画，一教就通；在生活上，却是一个白痴。她不会削苹果，不会洗碗筷和衣服，不会收拾房间……她甚至不愿意与人接触，在社交场合常常闹出令人尴尬的事。

她从小被保姆照顾得太好，以至于现在没有生存能力。没多久，黄逸梵对爱玲的愚笨恼火了，气呼呼地说："我懊悔从前小心看护你的伤寒症，我宁愿看你死，也不愿意看见你活着使自己处处受痛苦。"

母亲不再温柔，竟变得像父亲这般无情。她迷惘了，甚至怀疑母亲为她所做的牺牲到底值不值得。在生活面前她自卑，没有一点儿反驳的勇气；在艺术上却又如此自傲，下笔稳、准、狠，语言是何等的犀利，不依不饶。

"在父亲家里孤独惯了，骤然想学做人，而且是在窘境里去做'淑女'，非常感到困难。同时看得出我母亲是为我牺牲了许多，而且一直在怀疑着我是否值得这些牺牲。我也怀疑着。常常我一个人在公寓的屋顶阳台上转来转去，西班牙式的白墙在蓝天上割出断然的条与块。仰脸向着当头的烈日，我觉得我是赤裸裸的站在天底下了，被裁判着像一切的惶惑的未成年的人，困于过度的自夸与自鄙。"

生命有它的图案

在《私语》里，张爱玲记录了被母亲责怪时的心情。她以为，走过山重水复，一定能换来柳暗花明。其实，这世界上并没有事事顺心。面对困境，她哭过，闹过，绝望过，可最终还不是一样要一步步走下去。她大概不会哭了，在父亲那里已流完了所有的眼泪，留下的，只有云淡风轻，对情和世事的漠然。

母亲给她两条路选择，她说："如果想早早就嫁人，那不必读书，可以用学费来打扮自己。若继续读书，就没余钱买衣服了。"

嫁人是行不通的，而且她从没想过放弃学业。她仍然想要出国留学，将自己逃得远远的，谁也寻不见。她能穿灰旧的衣服，过最简单纯朴的日子。她尽量节省费用，还是逃不掉向母亲要钱。在《童言无忌》里，她写道："问母亲要钱，起初是亲切有味的事，因为我一直是用一种罗曼蒂克的爱来爱着我母亲的……可是后来，在她的窘境中三天两天伸手问她拿钱，为她的脾气磨难着，为自己的忘恩负义磨难着，那些琐屑的难堪，一点点的毁了我的爱。"

其实，张爱玲所求不多，只求平平安安地出国留学。母亲在窘境中，也满足了她的要求，只是黄逸梵对爱玲的屡次失望，让爱玲对母亲也失望了。她不再渴求情感，只想尽早独立，去学习，去拿文凭，去发展自己的天才。

为了出国留学，母亲下血本找了一位犹太裔的英国老师为她补习数学，这是她不擅长的，必须打起十二分的精神去钻研。好在她中文底子尚好，无须花太多时间用功苦读。父亲、母亲，她

第二章

出名趁早：天才不是梦

暂且不去想了，一心扑到了考学上。

1938 年，张爱玲以远东区第一名被英国伦敦大学录取了。她天资聪慧，不负所望，总算对得起母亲了。眼看多年以来的留学梦就要实现，可老天偏要绝她的路，一场战争的爆发，令她无法前往英国，只好改去香港。

梦虽然碎了，可好在还有一条路可选。就像她的母亲，虽然对母亲的爱消失了，可终究算对得起她。爱或不爱，有什么两样，还不是要日复一日地熬下去。不一样的是，爱了，就会有期待，也便有了失望与绝望。与其如此，不如不爱，反而能云卷云舒，过薄荷般清凉自在的人生。

第三章

看透人世：生逢乱世，更见人心

第三章

看透人世：生逢乱世，更见人心

赴港读书

轮船，似刹那光阴，一脚踏上，总能把你送往彼岸。你以为，彼岸是你能主宰的，是你要到达的地方，事实上，这也如同你能把握一时，终究把握不了一世。人世苍茫，犹如海上行舟，至于漂向哪里，不是我们能做主的。你手握方向盘，控制着船只的航行，只是面对那漫无边际的大海，怕是方向也迷失了。

张爱玲从未迷失过方向，从小到大，她的理想只有一个，就是发展她的天才。她历经千辛万苦考上英国伦敦大学，却因一场战争不得不改道去香港。香港，素有东方明珠之称，是世界各地商旅来往胜地。于不少人而言，能去香港读书，已是老天垂怜；于爱玲而言，却是不得已而为之的事。她的这条小船，几经风雨，最终还是没能将她送达想要到达的彼岸。

1939 年，十九岁的张爱玲来到了香港，在香港大学攻读文学

生命有它的图案

专业。船只停泊靠岸，她拎起旧皮箱，匆匆下船。这是一座陌生的城市，在离开上海前，她或许为挣脱枷锁感到开心，可来到这里，她隐约感到不安。对于香港的最初印象，她后来在《倾城之恋》里写道："望过去最触目的便是码头上围列着的巨型广告牌，红的，橘红的，粉红的，倒映在绿油油的海水里，一条条，一抹抹刺激性的犯冲的色素，窜上落下，在水底下厮杀得异常热闹。"

张爱玲初见香港，并不惊心动魄，欣喜若狂，她如同一位见惯了繁华风景的老者，对香港的热闹与繁荣不屑一顾。对于生活，她永远是观察者，她相信每个人，每座城，都有其独特的不可言说的故事。她不是故事里的人，只是故事的叙述者，在这座城市里，她是暂居的旅客，她渴望的归宿仍然是国外。

她来到这里，并非举目无亲，迎接她的是一位叫李开第的人。李开第是姑姑张茂渊的初恋情人，两人曾在英国的轮船上邂逅，一见倾心。李开第是一位有婚约的人，他爱着张茂渊，却也不得不迎娶未婚妻。两人分手后，张茂渊独守空闺五十多年，没人知道她是不是在等他，只知道在晚年时，他和张茂渊再度重逢，喜结连理，过起了幸福的小日子。

香港大学，于 1912 年正式开学，坐落在半山腰的一座法国修道院。整个校园充满了浪漫优雅的建筑风格，由一条蜿蜒的小径通往学校。如果说，张爱玲的中学时代是灰色的，那么香港大学的时光，则是窘迫的。这里的学生多来自东南亚，非富即贵，就

第三章

看透人世：生逢乱世，更见人心

算是本地学生，家境也十分优越。他们常常参加社交活动，挥金如土，从不把钱放在眼里。

张爱玲的生活由母亲供养，她没有多余的钱，只能一门心思读书。图书馆是她最爱去的地方，她在书中汲取着知识，往返于各个历史时期。她努力学习英文，把自己的习作由中文译成英文，再由英文译成中文。这样反复多次后，她的中文、英文都有了很大的提升，最后她竟然可以背下整本弥尔顿的《失乐园》。三年里，她每次给母亲和姑姑写信，必定用英文书写。晚年时，有教授说她英文写作比美国人多，比中文更有文采。

从小到大，张爱玲都不喜欢社交，如今也不喜欢。她高高瘦瘦，穿一袭旧式旗袍，戴着眼镜，穿梭于大学校园里，总是显得形单影只。可是，也只有如此，她才能找到安全感。晚年，她回忆这段时光时说："我是孤独惯了的，以前在大学里的时候，同学们常会说我们听不懂你在说些什么，我也不在乎。"

在港大，张爱玲除了学习外，还继续发展着她的天才梦。她看到《西风》杂志创刊三周年有征文比赛，便参加征文，写下了那篇最著名、最出色的文章——《我的天才梦》。相信你就算没有看过这篇文章，也一定听说过她那种惊世骇俗的结句："生命是一袭华美的袍，爬满了蚤子。"

对于这篇文章，她的开篇也毫不逊色。她自信又干脆地说："我是一个古怪的女孩，从小被目为天才，除了发展我的天才外别无

生命有它的图案

生存的目标……"那时，张爱玲只有十九岁，她的才情和文采令人惊叹，她的文笔成熟老到，一点儿也没有青涩与稚嫩。

最后征文结集出版，她的这篇文章被收录到了书里。不过，张爱玲对此次征文结果并不满意。那时，她只是一个大学生，也没有名气，无法为自己辩解。20世纪70年代，她编《张看》时，为这篇文章发了声："《我的天才梦》获《西风》杂志征文第十三名名誉奖。征文限定字数，所以这篇文字极力压缩，刚在这数目内，但是第一名长好几倍。并不是我几十年后还在斤斤较量，不过因为影响这篇东西的内容与可信性，不得不提一声。"

这篇文章，张爱玲刚寄出不久，就收到了《西风》杂志社的通知，得了"首奖"，她说："就像买彩票中了头奖一样。"好事并未降临，像梦一样，《西风》杂志正式公布得奖名单时，她才从梦中醒来："我又收到全部得奖名单，首奖题作《我的妻》，作者姓名我不记得了。我排在末尾，仿佛名义是'特别奖'，也就等于西方所谓'有荣誉地提及（honorable mention）'。"

关于这次征文，到底是哪里出了问题人们已不得而知，更无人为当年旧事而再去翻阅资料。她旧事重提，无非想给世人一个交代，并为自己洗刷"冤屈"。她认为自己受了委屈，受了欺负，她说："《西风》从来没有片纸只字向我解释。我不过是个大学一年生。"

或许当时出了错，也或许背后有着某些利益牵扯，总之是过

第三章

看透人世：生逢乱世，更见人心

去了。她为自己寻求一个公平，难免令人觉得斤斤计较，因为世道向来不公，寻求公平的人，反而容易成为"罪人"。她说："生命是一袭华美的袍，爬满了蚤子。"于她而言，文学也是一袭华美的袍，同样爬满了蚤子，后来她写小说，出书，一样遇到了太多太多的不公。人生在世，任何人都无法随心所欲，张爱玲也不例外。

她为了考虑报纸副刊篇幅，压缩字数，为了赚钱，把自己关在香港的酒店里写剧本。她红过之后，也不得志过，被人遗忘在角落。或许是受伤了，晚年她躲着人，刻意被世人遗忘，毕竟，没有期待就没有失望，亦再不会被人伤害。

唯有书的世界是安全的，不被辜负的。你努力一分，它便回馈你一分，在这里，她的心异常安静。香港这座城，几次的流连忘返，最终还是伤了她，留下的只有不堪的回忆。她不是观察者，不是局外人，不知何时，成了故事里的女主角。

她一直是主角，她知道，却还是愿意做一个旁观者。

有趣的朋友

人生这场旅途，路上总会遇到几位同行者。这段缘分，或深，或浅，都无关紧要，重要的是，每个孤独的个体相遇后，能携手共同一起走下去。或许有些人不是孤独的，孤独的只是我们自己，但这些人如果能陪我们一起走到终点，这样的情感就值得我们珍爱一生。

张爱玲天生喜欢孤独，每次走在喧闹的街头，她更喜欢只身一人。在上海时，她内心是孤独的，她不是融不进别人的世界，而是这些人带给了她太多伤害。年少时，她也曾开怀大笑，也曾与亲人倾吐心声，可谁在乎这些呢？母亲不在身边，父亲整日吞云吐雾，弟弟不争气，身边的表亲，可以一起嬉戏玩耍，但到底是疏远了，已不能做知心人。

她把自己置身于文字世界，和它们成了朋友，与寂寞相依相

第三章

看透人世：生逢乱世，更见人心

偎。后来，她来到香港，过着集体生活，可仍然没有学会与人交际。在香港求学三年，她没有学会跳舞，因为没有钱买跳舞的裙子。然而我们知道，她天生是不喜与人交际的，这不是钱的问题，是她不喜欢与陌生人有肌肤之亲。

炎樱是个例外，不知怎样，她就这样走进了张爱玲的心里。可能炎樱太过活泼主动，又大大咧咧不拘小节，才深得张爱玲的喜欢吧。

炎樱是一位混血儿。父亲是阿拉伯裔锡兰（今斯里兰卡）人，在上海开家摩希甸珠宝店，《色戒》里的珠宝店，便是炎樱父亲家业的原型。母亲是天津人，和父亲有了这段跨国婚姻后，和家人断绝了来往。炎樱身材娇小丰满，皮肤黝黑，五官轮廓分明。她性格热情如火，为人豪爽，说话快人快语，又十分野蛮有趣。

她叫炎樱，又名獏梦，即吃梦的小兽，这两个都是张爱玲为她取的名字。张爱玲喜欢文字，炎樱也有一个作家梦，还曾积极学习过华文。她常常妙语连珠，惹得爱玲连连惊叹。爱玲曾写过一篇《炎樱语录》，讲述了这位女孩的生活逸事，把她的形象写得生动又活泼。炎樱曾语出惊人："月亮叫喊着，叫出生命的喜悦；一颗小星星是它羞涩的回声。"

她很调皮，在报摊上翻阅画报，统统翻遍之后，一本也不买。报贩讽刺地说："谢谢你！"她一点儿也不客气地答道："不用谢！"

炎樱去犹太人店里买东西，付账时喜欢讨价还价，她不直言

生命有它的图案

心中价格，而是把钱包一翻到底，给老板说："你看，没有了，全在这儿了，还多下二十块钱，我们还要吃茶去呢。专为吃茶来的，原没想到要买东西，后来看见你们这儿的货色实在好……"这样一个女孩，即使"耍赖"，也只好笑着随她而去。

在香港，她们常常一起吃茶、逛街、看电影、买零食，这给沉默孤傲的张爱玲带来了许多快乐。而张爱玲对于炎樱的友情，也是十分看重的。她后来说，平生就大哭过两回，其中一回就是为炎樱。那是一次放暑假，炎樱答应留下来在香港陪她，但种种原因，她不辞而别了。张爱玲为此伤心不已，放声大哭。

都说君子之交淡如水，她们的友谊却是如此深情。《小团圆》问世后，张爱玲的父母、姑姑、弟弟，连同她自己，每个人都被她写得"狠辣"，唯独比比（炎樱）这位女孩，在小说里清新脱俗，如一股清流。她精明、现实，善于货比三家，奉行失节事小吃亏事大，她看上去粗鄙不堪，但却十分真实，比假冒伪善者令人放心多了。

张爱玲和炎樱有一个共同的爱好，便是绘画。张爱玲在母亲的熏陶下自小画画，而炎樱也有这方面的天分。后来香港沦陷，闲来无事时，她们经常一起画画。再后来，张爱玲红了，她的第一本小说集《传奇》的封面，便是出自炎樱之手。她的设计精巧灵动，张爱玲十分喜爱。

炎樱陪着爱玲走过相当长一段岁月。她们离开香港后，回到了上海，仍然惺惺相惜。当张爱玲遇到胡兰成，是炎樱做了他们

的见证。只是，炎樱到底也是伤害过张爱玲的。张爱玲刚到美国时，写信给炎樱，在她那里遭受到了冷遇。她在给好友邝文美的信里写道："Fatima（炎樱的英文名）并没有变，我以前对她也没有幻想，现在大家也仍旧有基本上的了解，不过现在大家各忙各的，都淡淡的，不大想多谈话。我对朋友向来期望不大，所以始终觉得，像她这样的朋友也总算了不得了。"

张爱玲对于炎樱不是没有期望，而是那唯一的期望落空了。不然，她不会为她的爽约而痛哭，不会为她写《炎樱语录》，不会在《小团圆》里也写到她。当一个人把另一个人看得太重，才会假装不在乎。只是，爱玲的人生旅途中，炎樱提前下了车，她终究不能再陪伴她了，与其如此，不如与过往告别。

有时，情感淡一些才不至于伤痕累累。炎樱见爱玲生了气，给爱玲写了好几封信，爱玲都未予回复。炎樱在后来的一封信里写道："我不知道我做错了什么，使得你不再理我。"

当一个人决定转身，无论另一个人多么委屈，两人已然成为陌路。缘聚缘散，此为天定，既已离散，就坦然接受。晚年的时候，张爱玲对于过往的事只字不提，可是我们知道，旧人旧事是她心中的一根刺，她不是不想提，是不能提，她不是冷情，是用情太深。

如今，我们还可以看到那张旧时照片，爱玲和炎樱在屋顶阳台上，一起对着镜头笑。炎樱笑得开怀，爱玲笑得含蓄，看得出，爱玲那笑是发自内心的。看过张爱玲许多照片，能让她会心一笑

生命有它的图案

的却没有几张。

照片泛黄，人物渐渐面容模糊，记忆也被岁月磨平了痕迹。有些情，有些缘，虽说散了，可终究留下了一段过往。不管爱玲想不想提起，它都发生过，存在过，如同那张黑白照片，无论多么斑驳，都留下了当时的印记。

第三章

看透人世：生逢乱世，更见人心

再卑微也要骄傲地活着

命运向来不解风情，你越是惧怕什么，越是有什么要来。看似不公的命运，其实很公平，不是灾难来了，而是因为你的惧怕，它才变成了灾难。不动情的人，不会为情所困；视金钱为粪土的人，不会困于贫穷与富贵；经历了人生起落的人，不会被眼前的困难所吓住……

人生，是一场修行，我们都是在困难面前学会坚强，在低谷中学会站起来，在冷嘲热讽中倔强骄傲地活着。

张爱玲在香港的生活，其实是自卑的。港大学生，多数家境优越，爱玲由母亲微薄的费用供养，生活水平上差人好几截。她的清贫在这所学校里，太过瞩目，让她一度抬不起头。她在《小团圆》里写道："在这橡胶大王子女进的学校里，只有她没有自来水笔，总是一瓶墨水带来带去，非常触目。"为了节省开支，她不添新衣，

生命有它的图案

不参加任何社交活动，甚至不与人交际。

刚入校不久，张爱玲就遇到了一件令人难堪的事。宿舍里有位女孩叫周妙儿，父亲是巨富，花钱买下一个离岛，盖了一幢富丽堂皇的别墅。她邀请宿舍同学去那里游玩一天，但去小岛要租小轮船，来回每个人需要分摊十多元钱。张爱玲舍不得这笔费用，向修女请求不去。修女追问原因，她只好无奈地道出实情。

父母离异，因被迫出走跟了毫无收入的母亲。母亲靠典当古董和首饰生活，能供养她读大学已实属不易，她不该将多余的钱作为旁用。讲述自身经历时，张爱玲十分羞愧，若不是修女逼问，这段往事她不愿对任何人提起。修女无法做主，必须将此事上报给修道院院长，一来二去，张爱玲的事闹得满校皆知。

贫穷不是错，而贫穷是张爱玲心里的一道伤疤，于她而言，这是一种耻辱。她曾经也富贵过，出身名门，人前显贵，可短短数十载，家族已败落得不成样子。人生跌宕，如同一部情节环环相扣的小说，她身处黑夜前夕，谁说黎明不会来？她的艰辛、磨难，想要洗去贫穷与羞辱的心，是这些娇生惯养的富家子弟无法理解的。

她无力改变现状，只好把期望给予未来。她发愤读书，努力学习英文，每门功课都取得了第一。第二年，她拿下港大文科二年级的两个奖学金，不但学费食宿费全免，毕业后还可以保送到牛津大学攻读更高学位。有一位英国籍教授赞叹她："教书十几年，

看透人世：生逢乱世，更见人心

从未有人考过这么高的分数！"

她的努力没有白费，同学们被她的成绩惊到，赞叹之余，还多了几分欣赏。张爱玲一直是孤傲的人，即使被命运大轮碾过身躯，依然要倔强地开出一朵花来。她把握不了命运，改变不了别人的看法，她只好把握自己，带着坚忍的意志熬过去。

1941 年，太平洋战争爆发，之后没多久，香港便沦陷了。因为战争，港大停止授课，当地学生回家避难，异乡学子可暂时逃离香港。考虑到来回路费问题，张爱玲决定留下来参加守城工作，原因很简单，这份工作提供食宿。

在炮火连天中，张爱玲担心过自己会死去，她只觉得生命好虚无，在生死面前什么都小了。她有逃生的机会，假如有钱的话；但贫穷使她必须留下来，以"牺牲"自己为代价。生命并不平等，不管一个人如何坚强，都是没办法躲避炸弹的。它不会因为你孤傲、努力，就从你头顶掠过，落到那些贩夫走卒身上。相反，富贵的人，却可以在战争来临时买一张逃生的船票，让自己远离危险。

既已无法改变，就只能坦然接受。守城的夜晚，张爱玲在炮火里看完了《官场现形记》。她不知道自己有没有命看完，只觉得眼睛看得很痛，但不重要了。假如人要是死了，身体没了，这眼睛还有什么紧要的。她有食物吃，有一处栖身之地，已经够了。在这场混乱的战争里，她活得卑微，命有点不值钱，可她最终还是学会了坦然面对。

生命有它的图案

惊惶无措，四处逃窜，悲观无奈，都改变不了战争本身。她冷冷地看着如受惊的小兽般的人们，一点儿也不同情他们。人生本没有困局，是他们自己把自己困了在恐惧里。

休战后，爱玲在大学堂临时医院做看护，医院里大多是被炮火打伤的苦力、慌乱逃窜时受伤的病人。病情轻的三两天便能出院，病情重的日日承受着煎熬，再重些的只能每天躺在病床上呻吟叫喊。

一场战争，每个人的胆子都变大了，什么腥风血雨、血肉模糊，都见怪不怪了。往日需要被小心看护的病人，在战争里也不再矫情，需要救治的人太多，死了都没什么稀奇，谁又会在乎谁的生命呢？

张爱玲守在医院，在昏黄的吊灯下读一本书。病床上的病人，有的累了打着鼾熟睡着，有的因疼痛叫得凄惨。那些凄惨叫声，让张爱玲心烦，可若是没了声音，又会不知所措。死亡对于他们来说太近了，可谁说解脱了不好呢。张爱玲在《烬余录》里说："我不理。我是一个不负责任的人，没良心的看护，我恨这个人，因为他在那里受磨难。"

那位病人，痛着叫了一夜，第二天一大早，半天没了声息，张爱玲领完牛奶回到病房，他已经去了。护士们看到后，"欢欣鼓舞"，处理了尸体安心地去吃早餐了。"鸡在叫，又是一个冻白的早晨，我们这些自私的人若无其事地活下去了。"

这些活下来的人，买菜、烧菜，调着情，学校还专门为他们

第三章

看透人世：生逢乱世，更见人心

雇了教日文的老师，好像日本兵进来时，说点日语就能救命一样。张爱玲觉得这是一种讽刺，日本兵刚刚扔完炸弹，就要学他们说话，简直令人无语。只是，她没办法想太多，一个人在战争中能活下来已实属不易，又如何管得了说什么语言呢。

太平盛世，人人都在追求高贵的自尊心，可那高贵在利益面前却透着卑贱；在乱世，每个人都为了活下去被人践踏着自尊，可到底有些人高贵地活了下来。张爱玲并非冷漠无情，面对那些生生死死的人，她没办法付出情感，只能用抵触和冷漠应对他们。毕竟，她也是一个受害者，谁又真的关心过她的伤痛呢？

生命有它的图案

因战争而沦陷的人心

乱世里的人，金钱、地位、性命，在战火面前都变得微不足道。唯一确定的是，只要活着，一切便有重新开始的机会。为了活下去，人不再像人，情也不再像情，什么都变了。华衣下，是丑陋不堪的灵魂，笑着的人，也许刚刚杀死了一个鲜活的生命。你已穷途末路，哪里还管得了许多，即使怀有一颗善心，怕也要用于自保了。

战争，两度改变了张爱玲的命运。第一次，她考取了英国伦敦大学，因战争不得不改道来到香港。第二次，她在港三年，一切希望寄托于牛津大学，却因一场战争将留学之路击得粉碎。

风雨来袭，命运之轮再一次碾过张爱玲的身躯，她虽有抱怨，却已觉得是命中注定。这场战争，持续了十八天，说短也长，说长不算短。战争来临时，人们觉得是一场浩大的灾难；走的时候，又心里空落落的，使人心更加慌乱。

第三章

看透人世：生逢乱世，更见人心

那些富贵小姐，与平民百姓终究是不同的。张爱玲尤其记得战争来临那天，她的舍友竟然为了逃亡的衣服而发愁。她衣橱里有各式各样的华美衣服，唯独没有适合逃亡的衣服。是穿黑色，还是白色？身姿是优雅婉约，还是潇洒活泼？

一个炸弹，让隔壁宿舍瞬间坍塌，慌乱逃离中，那一件件还未装箱的衣服从箱子中掉到地上，人们不管地上有什么，保命比什么都重要。在这时，只听见有一位女同学伤心地大叫："啊，别踩我的衣服。"除了张爱玲，没人听得见她在叫什么，当然，也不重要了。张爱玲还记得，她的另一位舍友，在战争未来临之前，夸夸其谈，她要怎样骁勇善战，吃苦耐劳。当炸弹在她身边爆炸，她逃得比谁都快，叫得撕心裂肺，差点失去理智。

都说，灾难时最重要的是逃命，可在许多人看来，还有比生命更重要的事。那些华丽的衣服，可口的食物，不得不丢下的金钱，都比生命重要。她在《烬余录》里写道："时代的车轰轰地往前开。我们坐在车上，经过的也许不过是几条熟悉的街衢，可是在漫天的火光中也自惊心动魄。就可惜我们只顾忙着在一瞥即逝的店铺的橱窗里找寻我们自己的影子——我们只看见自己的脸，苍白，渺小；我们的自私和空虚，我们恬不知耻的愚蠢——谁都像我们一样，然而我们每人都是孤独的。"

炎樱是不同的。轰炸期间，每个人都深居简出，待在自认为最安全的地方。而炎樱却表现得无所畏惧，她穿过枪林弹雨，钻

生命有它的图案

过炸弹轰鸣的街道，进城去看电影和卡通片。回来后洗了澡，对着那些流弹唱歌。张爱玲说她："她的不在乎仿佛是对众人的恐怖的一种讽嘲。"

十八天的战争，总算过去了，冰火两重天的生死体验，让每个人仿佛活在人间地狱。她在《烬余录》里写道："围城的十八天里，谁都有那种清晨四点钟难挨的感觉——寒噤的黎明，什么都是模糊，瑟缩，靠不住。回不了家，等回去了，也许家已经不存在了。房子可以毁掉，钱转眼可以成废纸，人可以死，自己更是朝不保暮。像唐诗上的'凄凄去亲爱，泛泛入烟雾'，可是那到底不像这里的无牵无挂的虚空与绝望。"

经历了最大的苦难，一时间的解脱，人们似乎有些不习惯。那颗分秒提着的心，一旦落下来，不知该落往何处。张爱玲说："到底仗打完了。乍一停，很有一点弄不惯，和平反而使人心乱，像喝醉酒似的。看见青天上的飞机，知道我们尽管仰着脸欣赏它而不至于有炸弹落在头上，单为这一点便觉得它很可爱……"

城市里的每个人，都喝醉了。他们整日狂欢不已，大吃大喝，消耗着仅剩的积蓄。大街上、报纸上，刊登着各种结婚信息，每个人都迫不及待为自己寻找另一半，发泄着属于成年男女的欲望。这场战争，结束了太多人的生命，活下来的人对明天没了期待，只好"今朝有酒今朝醉"。张爱玲知道，这不是生命的狂欢，而是生命的堕落，她无力改变，只能生出抵触与冷漠。

第三章

看透人世：生逢乱世，更见人心

学日语那段时间，课堂上的学生少得不成样子，张爱玲无事做，一直坐在那里静静地听。俄国女教师见学生太少，不愿意再授课，把这份工作交给一位俄国老先生。这位日语老师对绘画有研究，不知为何，非要买张爱玲的画。

那张画是张爱玲为炎樱所作，她画了炎樱的肖像。这幅画，连张爱玲自己都觉得画得不错，所以一直舍不得出手。见她不肯，他只好说："五元，不连画框。"张爱玲和炎樱有些为难，最终也没有将这幅画卖掉。

生逢乱世，真的有无比重要的东西吗？或许有，或许没有。不到生命的最后一刻，谁也没有答案。所以，张爱玲说："'人'是最拿不准的东西。"她见过人的堕落，也见过炎樱的积极，更见过自己的无奈与冷漠……

炎樱没有沦陷，她没有沦陷，那大批浑噩度日的人，她一点儿也不同情。什么都是自己选择的，既已决定就此沉沦，就必然要承受相应的结果。只是，她不再相信什么快乐，快乐于她而言，终究要被破坏的。她说："短暂的快乐终究要被更大的破坏与颠覆所代替。"她不是造物者，成全不了自己，成全不了这些自甘堕落的人，但在她的冷漠外表下，还是藏着一颗温情的心。在《倾城之恋》里，她成全了白流苏，给了她圆满："香港的陷落成全了她。但是在这不可理喻的世界里，谁知道什么是因，什么是果？谁知道呢？也许就因为要成全她，一个大城市倾覆了。成千上万

生命有它的图案

的人死去，成千上万的人痛苦着，跟着是惊天动地的大改革⋯⋯传奇里的倾国倾城的人大抵如此。到处都是传奇，可不见得有这么圆满的收场。"

世界不可理喻，迷乱而苍凉，人心自私而无情，可是总有一个地方能容得下她。她不关心世界，也不关心人心，只关心以后的岁月，到底该如何去消磨。

看透人世：生逢乱世，更见人心

上海，我回来了

太阳还在头上，另一边的月亮却早已升向天空。那血红的夕阳，一点点地往下掉，往下掉，好像人类再也不会迎来新的一天。可是，自古以来，无论你经历着怎样的坎坷，世界经历着怎样的灾难，那头上的日头从未缺席过。而那挂在天空的月亮，也从来不会因任何人，任何事，改变孤傲冷漠的姿态。

一轮圆月，照着香港，也照着上海滩。月亮还是那个月亮，星星还是那个星星，人却不再是当年的人。张爱玲变了，被战争洗刷得更加冷漠，被历史的烟尘染上了一点点沧桑。或许，她从未改变，早对人心失望透顶，可在姑姑张茂渊和弟弟张子静眼里，她还是不一样了。她长发披肩，衣着时尚，优雅又有文气，说话做事也沉着了。

港大三年的校园生活，她经历了太多，又如何能不改变？只

生命有它的图案

是爱玲并不甘心，一切就这样结束。读书，是她多年来的心愿，老天竟连退而求其次的选择也要拿走。

张爱玲回到了上海，回到那个曾经养育了她，而她却一度想要逃离的城市。她被迫放弃学业，风雨归来，不算荣归故里。这次归来，不止她一人，还有她的好友炎樱。炎樱在轮船上安慰窘迫的张爱玲，一切都会好起来。她听完，无奈地苦笑，母亲和男朋友去新加坡做皮件生意，男友葬死在战争中，母亲一人苦撑着，她的钱换了皮毛，又失去男友，日子更不好过。张爱玲不知道未来会不会好，只能走一步看一步，走到哪里算哪里。

归来的张爱玲，住在姑姑租住的赫德路爱丁顿公寓。相比昔日的洋房别墅，她更喜欢公寓的生活。她说："公寓是最理想的逃世的地方。"这套公寓，是姑姑亲自设计的。客厅的壁炉，落地灯，西洋皮制沙发，让她找到了安全感。许是太过喜欢公寓生活，晚年的张爱玲一直住在公寓里，过着她理想的避世生活。对于姑姑的家，她说："乱世的人，得过且过，没有真正的家，然而我对于姑姑的家却有一种天长地久的感觉。"

天长地久的从来不是家，而是家里的人。从小到大，姑姑疼她，爱她，似母亲般照顾她。母亲在上海时，有母亲的地方就有姑姑，如今母亲远走他乡，姑姑便代替了母亲的角色。那时，张茂渊从祖上分得的家产已花光，她能负担张爱玲的生活日用，提及未来，她仍然没有多余的钱供她上学。

第三章

看透人世：生逢乱世，更见人心

张爱玲一直是坚持理想的人，她回到上海，仍然想继续未完成的学业。她在港大三年，还没有到毕业的时候，回到上海，想转学到圣约翰大学，把学业读完，好歹有一纸文凭，也算对得起曾经苦学的岁月。可是，读书的钱从哪里来？无论是母亲还是姑姑，都不能再为她提供帮助了。

张爱玲回到上海后，弟弟张子静时常去看她。她每次都为他沏一壶红茶，偶尔与他分享一块蛋糕，两人还经常一块谈论文学和电影。她从没放弃过文学，弟弟张子静说："有几次她谈到去静安寺庙旁的亚细亚副食品店买菜，看到一些有趣的事。她对卖肉、卖菜、卖鸡蛋的人总是特别注意，留心他们的卖法，与顾客的对话，货品的颜色和价格等等。她后来在小说和散文里写一般人的生活琐事那样贴切真实，就是她在买菜时细心观察，回到家后立刻记在本子里。"

无意中，就聊起了对于未来的打算。张爱玲说，她想转读圣约翰大学，弟弟张子静也有了这样的念头。那时，他已考上复旦大学中文系，却因战争停课了，于是，他决定和姐姐上同一所大学。

弟弟张子静了解姐姐的困境，愿意为她分担学费的事。他想回去找父亲张志沂商量，希望父亲能帮姐姐一把。张爱玲是不愿意的，当初父亲狠心打她，她又从那个家逃离，就没想过回去。她可以忍受磨难，可以忍受饥饿，也可以忍受别人的看不起，但她却不能看不起自己。

生命有它的图案

张子静知道她不会低头，苦苦向父亲哀求，父亲张志沂却告诉他，她想要学费可以，必须由她自己来要。张志沂哪里是想与女儿和好，分明是想践踏她的尊严。如果，他偷偷地给张子静钱，暗中帮助她，说不定那段前尘往事她能释怀，也不至于闹到老死不相往来。

可是，没有如果。

其实，张爱玲想过如何生活的。她可以卖文字，可以写小说，可以做翻译，攒够了钱，依然能继续深造。张子静记得张爱玲的遗憾。那时，她刚从香港回来，提到香港的境况，便对辍学的事耿耿于怀，她愤愤地说："只差半年就要毕业了呀！"吃了那么多苦，发愤努力读书，靠奖学金节俭度日，她如何能甘心。

姑姑劝她，将她父母离婚时签下的条款转述给她，她的教育费用本就该由张志沂负担，他港大三年未曾出一分钱，剩下的半年的费用由他支付，是天经地义。支付是他应尽的义务，不支付是他没有尽到父亲的责任。

炎樱回到上海没多久，便收到了一所学校发出的邀请函，聘请她做"辅导员"，炎樱痛快地接受了邀请。不久后，她告诉张爱玲，也想去圣约翰大学继续未完成的学业，希望她们能再次成为同学。

每个人，似乎都走上了正轨，唯独她还没有着落。她在《到底是上海人》中写道："上海人是传统的中国人加上近代高压生

活的磨练。新旧文化种种畸形产物的交流，结果也许是不甚健康的，但是这里有一种奇异的智慧。"

她就是那个"上海人"，有着骨子里的不服输、要保留的尊严，也有近代高压生活下，要妥协的委屈。上海，这个伤她的城，也让她热切爱着的城，经过一番挣扎后，她妥协了。

或许，活下去才是最重要的。

最后的诀别

有些人，一旦相遇，一个眼神便是一辈子。有些人，骨肉至亲，一次伤害，便是海角天涯。该走的留不住，该留下的，即使你跋山涉水，也会一直陪着你。人生这场漫长的旅程，从来没有什么新鲜的，不过是有人上车，有人下车，有人生离，有人死别。明白人生过程不难，难的是，有人离去时懂得不悲伤，有人到来时永远用一颗热情的心去迎接。

人与人之间的情感，大多是投缘者多聊几句，话不投机时也不撕破脸皮。你好我好大家好，即使有人中伤自己，仍然不愿意发生正面冲突。张爱玲自从被软禁后，便要过一种干脆的人生。她逃离张家逃得干脆，去香港读书时走得干脆，后来与胡兰成和旧日好友，也断得干干脆脆。"宁为玉碎，不为瓦全"，她不粘连裂过的伤口，不让自己看起来假装无恙，碎了就是碎了，永远

第三章

看透人世：生逢乱世，更见人心

都好不了了。

为了学费，她回到了父亲的家。这个家，再不是那座宽敞的老宅，而是一座小洋房。她此次前来，不是向他低头，而是让他履行该尽的义务。张志沂无法原谅曾经背叛他的女儿，可到底是骨肉至亲，他深为当年的做法后悔。后母知道她要来，躲到楼上没下来，父女俩简单交谈之后，再无话可说。一切都是淡淡的，冷漠的，连客套的笑容都没有。这次交谈，只用了不到十分钟，说清楚了，张爱玲也就走了。弟弟张子静说："那是姐姐最后一次走进家门，也是最后一次离开。此后她和我父亲就再也没见过面。"据张子静说，那次谈话，父亲难得宽容，可见他在乎这个女儿。只是，张爱玲走得决绝，从心底不肯原谅，那颗被父亲生生摔碎的心，不是他包容就能化解的。

好在，一切都过去了，她上大学的费用解决了。张爱玲回到了校园，再一次和炎樱成了形影不离的同学。在校园里，张爱玲身着鹅黄缎子旗袍，下摆有五寸流苏，婉约清丽；炎樱是一位混血儿，喜欢身着异域风情的服装，十分有特色。那时候的她们，是圣约翰校园一道独特的风景，这些从香港带回来的衣服，上海并不多见，让她俩出尽了风头。

张爱玲或许不够漂亮，不够惊艳，但她的一嘴一笑足以令人迷醉。她还是笑过的，在炎樱面前，在姑姑面前，三个女人相处融洽，整日醉心于服装打扮和欢笑。还有一件事，张爱玲也会笑，

生命有它的图案

那便是她收到稿费的时候。自回到上海后,她一直给《泰晤士报》写稿,大多写些关于电影和话剧的评论。她凭借着发表过的内容,一些英文杂志也开始向她约稿。

一边文学成就渐长,另一边的学业却让张爱玲有点难过。她刚刚踏进校园的大门,就对学校的教育十分失望。那些教授所教的内容,无法引起她的兴趣,而她真正想读的学科,学校并没有开设。两个月后,张爱玲从圣约翰大学辍学了。张爱玲说:"与其浪费时间到学校上课,还不如到图书馆借几本好书回家自己读。"

写剧评、影评需要花费不少心力,她一写就全身投入,写完后再去学校上课便疲惫不堪,让她更不想去学校了。为了写稿,她需要常去看电影、话剧、戏剧等,从中重新认识现实世界和人们的生活状况。她很欣赏唐槐秋、唐若菁演的《雷雨》《日出》,苦干剧团黄佐临导演,石挥、丹尼、张伐等演员演的《大马戏团》《秋海棠》等,以及乔奇等人主演的《浮生六记》。

读完大学,是她唯一的梦想。尽管学校不令她满意,她有影评要写,为了理想她都该坚持下去。她曾愤愤地说过,只剩下半年了呀。是啊,只有半年,坚持一下又何妨呢?后来,张子静追问爱玲真正原因,才知道还是因为钱。她解决了学费问题,却解决不掉生活问题。她和姑姑同住,无疑增加了姑姑的负担,她过意不去,只想早点赚钱。

张子静建议她去当教师,她英文好,国文好,可以胜任这份

看透人世：生逢乱世，更见人心

工作。张爱玲摇了摇头，她不喜欢那样的工作。她从小怕见陌生人，羞于讲话，实在难以和一群叽叽喳喳的孩子打成一片。思来想去，张爱玲说："我替报馆写稿就好。这一阵子我写稿也赚了些稿费。"

张爱玲说这话的时候，是自信的，可那话里透着隐隐的无奈。她不能再向父亲伸手了，那时张家已不再富裕，加上有后母干预，就算她再伸手要钱，也未必要得出来。为了钱，她不得不放弃理想，向现实低头。

在香港三年多的努力，一朝放弃，便再也没有机会重来。那三年，她俭省度日，过得很苦，深刻体会到过钱带来的压力。现在，为了钱，她连学业都放弃了，更是在钱上吃了大亏。她性子孤傲，倔强得仰着头，可她那种高贵，从来不是视金钱如粪土般的不屑；她的不屑，是对一个人不够独立的藐视。后来，张爱玲十分重视金钱，生活也力求简朴，这源于她的经历，为了更好地生活下去，她没有资格如父亲般奢靡度日。

张爱玲学会了告别，与父亲，与曾经那个不够独立的自己。她以牺牲学业为代价，逼着自己独立，继续发展她的天才。她更加孤独了，前路漫漫，一人上路，所有的过程和结果都交给了自己。

张爱玲岂止是孤独，她逃离父亲的家，不能去伦敦大学入学，从香港大学辍学，从圣约翰大学辍学，一路上，每一个理想都遭受到了阻碍。她没有一件能亲自完成的事。她说："我有时觉得，我是一座孤岛。"她不只是孤独，绝不，她还有对于命运的无可奈何。

生命有它的图案

张子静说:"那时她在文坛虽已成名,但这是否就是文学理想的完成,她的心情也是'不确定'的。我唯一确知的是,她连教书都不愿意,别无谋生之途,为了生存,她得拼命写作,就如柯灵先生所说,是'命中注定,千载一时'。"

既然有太多未完成,那就坚定不移地去完成一件事,不管是为了讨生活,还是为了发展天才梦。告别过去,才能重新开始,那么,就把自己交给时间,它总能向你证明,原来每个人,都有他独特的价值。

这或许就是命中注定,如同她幼年抓阄那天,她抱着金锭不放,任谁也夺不走。是啊,自己赚来的,别人才夺不走。

第四章

书写传奇：风靡上海滩的女子

女子当自强

原以为，世间大多数艺术家都是不食人间烟火的，他们虽然活在茫茫人海，可总要活得高于生活。张爱玲一直都不是，自小她便喜欢听保姆讲家长里短，喜欢把眼睛放到柴米油盐中去，要在生活里找寻实际人生。

一个人，一旦有了"要"，就注定活得艰难。无论向这个世界要什么，都要付出与之相应的代价。所谓傻人有傻福，不是傻人天生就有福气，是他们要得少，生命偶尔的馈赠，便觉得是天大的恩惠。

张爱玲一直是想要一些东西的。她要胜过弟弟，要男女平等，要完成大学梦，要比林语堂还出风头……老天没有成全她，她还在倔强地要着。要发展天才梦，要独立赚钱生活，纵然老天不肯成全她，她亦不肯放弃。

生命有它的图案

辍学后的张爱玲,一心扑到了写作上。那时,她给《二十世纪》杂志写英文稿,发表了《中国的生活与服饰》。主编梅涅特为她的文章震惊,声言"她有能力向外国人诠释中国人",并夸爱玲是"极有前途的青年天才"。

对于文学她一直是自信的,只是突如其来的夸赞,还是令她欣喜难言。之后,她还在该杂志上发表了《洋人看京剧及其他》《中国人的宗教》等文章。在很短的时间内,她又相继发表了诸多剧评、影评,如《婆媳之间》《鸦片战争》《秋歌》《乌云盖月》《燕迎春》《万紫千红》等。

进入文学领域后,她的生活变得忙碌起来。之前,写文章是不吐不快,如今写文章更像是任务。她每日待在公寓里闷头写稿,写累了便跑到阳台上,看一看这闹市景象。她不喜欢隐居山林,亦不喜欢那些所谓的艺术生活,她更喜欢看电车从窗前驶过,听仆欧一面熨衣裳,一面将电话上的对白译成德文说给主人听。

张爱玲每天写至深夜,白天也极少出门。炎樱来找她,拖着她出去晒太阳,她们去霞飞路、去外滩,看电影、吃冰激凌。有时,她们一起逛书店,去书报摊搜罗好文章和画报。张爱玲若是在杂志上看到了适合的栏目,便记下地址,给它们投稿子。她们一待就是一下午,张爱玲没有钱,只能在书店和小摊翻看。不过,她喜欢张恨水,若是见到张恨水出了新小说,即使借钱也一定要买下来。

第四章

书写传奇：风靡上海滩的女子

公寓里，大多时候只有她和姑姑。张茂渊不是一个矫情的人，也不喜欢文人的多愁善感，见张爱玲如此简单干脆，对她的事也极少干涉。张爱玲若是写累了，就听姑姑讲故事，或者讲些柴米油盐里的细琐小事。

张茂渊也会被追问得不耐烦。有一次她没好气地说："与你住在一起，怕是安静的人也变得饶舌和自大起来。"张爱玲听完只是笑，不与姑姑生气。毕竟，许多个夜晚，都是姑姑陪着她，疼着她，见她写到深夜，姑姑总会为她端一杯热茶，或者为她披上一件单衣。她们相视一笑，什么也不用说，都懂了。

她不生姑姑的气，还有一个原因。她喜欢姑姑的性格，她和炎樱一样，都是干脆得可怕。张爱玲说："谈到公德心，我们也不见得比人强。阳台上的灰尘我们直截了当地扫到楼下的阳台上去。'啊，人家阑干上晾着地毯呢——怪不过意的，等他们把地毯收了进去再扫罢！'一念之慈，顶上生出了灿烂圆光。这就是我们不甚彻底的道德观念。"姑姑和炎樱没有"不甚彻底"的道德观，她们赖皮就赖皮，不高兴就不高兴，没有这么多弯弯肠子。

对于张爱玲来说，如果有岁月静好，这段时光便是了吧。她心如止水，日子简静安稳，尽管生活不够富裕，总胜过战火纷飞，朝不保夕；也胜过遇到胡兰成后，牵肠挂肚，思念成疾。没人能给她现世安稳，那份安稳只能自己给。

张爱玲用英文写作，只因英文杂志稿酬更高。她写了一段时间，

生命有它的图案

手头也逐渐宽裕起来。她开始不满足只用英文写作，因为在上海能读懂英文的人太少了，想要提升知名度，必须用中文写作。

张爱玲写的第一篇中文小说是《沉香屑：第一炉香》，她在开篇写道："请您寻出家传的霉绿斑斓的铜香炉，点上一炉沉香屑，听我说一支战前香港的故事。您这一炉沉香屑点完了，我的故事也该完了。"一开篇便意味深长，耐人寻味，只想静下来听她把故事讲完。那缕沉香，透过纸张，穿过时空，仿佛已入鼻息。

姑姑张茂渊读完这个故事，托人找了一位叫黄岳渊的朋友帮忙，这位朋友推荐给了当时上海的文坛名宿周瘦鹃。那时，周瘦鹃想要复刊《紫罗兰》，读完这篇小说大为惊叹，夸爱玲有大家的影子。《紫罗兰》复刊时，他还专门为《第一炉香》写了推荐："如今我郑重地发表了这篇《沉香屑》，请读者共同来欣赏张女士一种特殊情调的作品，而对于当年香港所谓高等华人的那种骄奢淫逸的生活，也可得到一个深刻的印象。"

有了《第一炉香》，便有了《第二炉香》，她靠着"两炉香"，在上海文坛初露锋芒。那独特的文风虽没让她一下子红起来，却让她在圈内成了红人。暂时的小成就，让她有些激动，她选择文字这条路，到底是选对了。这不再是梦，是她的生活，是她赖以生存的方式。她在《童言无忌》里写道："苦虽苦一点，我喜欢我的职业。"写作是一场一个人的较量，只有耐得住寂寞，不断地经历春种秋耕，才能收获丰满的果实。

第四章

书写传奇：风靡上海滩的女子

写作，从此成了她的职业，让她默默耕耘了一生。这份职业有苦，有喜，有痛快，有无奈，无论何时她都没有放弃。或许，二十多岁的张爱玲还不够老辣，经历的世事也不够纷纭，但若说感情经验，人生风雨，她比谁都看得透彻。

她到底是做到了，不再靠任何人，靠自己的一双手，靠一支笔，靠一肚子墨水和天分，讨了一份安稳生活。苦是苦一点儿，可这有什么呢，总胜过伸手向别人要钱。她一直强调男女平等，思想、经济不独立的女子，又如何能平等？

她要做女中丈夫，女中先生。

生命有它的图案

一笔成名

该来的会来，该走的会走，不管你信不信，愿不愿意，命运总会把你推向早已既定的路口。沉睡者，会被命运叫醒；清醒者，会因因果迷醉，哪怕你穷尽一生，仍然如同孙悟空，跳不出如来佛祖的手掌心。我们唯一能做的，便是尽人事，听天命，努力走到终点，至于其他也就不强求了。

张爱玲走上文学这条路，以及她日后的成功，仿佛是命运使然。她起步时，文坛非常寂寞，上海沦陷多年，像茅盾、巴金、老舍、张恨水等曾经红极一时的大作家，都已隐身匿迹。多年后，只有一位叫张爱玲的女子被熟知了。柯灵先生说："我扳着指头算来算去，偌大的文坛，哪个阶段都安放不下一个张爱玲；上海沦陷，才给了她机会。日本侵略者和汪精卫政权把新文学传统一刀切断了，只要不反对他们，有点文学艺术粉饰太平，求之不得，给他

书写传奇：风靡上海滩的女子

们什么，当然是毫不计较的。天高皇帝远，这就给张爱玲提供了大显身手的舞台。"

是机遇，也是运气，更有张爱玲的努力。天时、地利、人和，三者合一，成就了她非凡的文学传奇。她说："我生来就是写小说的人。"是的，她自记事起，便喜爱读书，早与文字结下不解之缘。但也不能否认，她的执着与努力。她心思细腻，自小喜欢揣摩市井凡夫的喜好，知道上海购买杂志的读者，喜欢什么样的文字。她懂得讲故事，早在童年时，便骗得保姆非听她讲故事不可。

《沉香屑：第一炉香》和《沉香屑：第二炉香》发表后，小说《倾城之恋》《金锁记》《琉璃瓦》《封锁》《红玫瑰与白玫瑰》等也相继刊载，散文有《更衣记》《烬余录》《到底是上海人》《公寓生活记趣》《炎樱语录》等。张爱玲每个月都能发表两三篇作品，让人很难相信，在如此短的时间内，她是如何做到的。慢慢地，她告别了香港背景，将创作背景回归到了上海，开始用一支笔描绘上海生活的众生相。

1934 年底，张爱玲已是上海滩最红的女作家。她的文章，直抵人心，道尽衷肠，像毛姆，却又带了《红楼梦》的气息。透过文字，读者猜测她是一位人情练达的老者，是一位经历风霜回归文字的隐士，却不敢相信，她是一位正值风华的妙龄女子。她在《红玫瑰与白玫瑰》里写道："娶了红玫瑰，久而久之，红的变了墙上的一抹蚊子血，白的还是'床前明月光'；娶了白玫瑰，白的

生命有它的图案

便是衣服上沾的一粒饭黏子，红的却是心口上的一颗朱砂痣。"

此时的张爱玲，并没有谈过恋爱，却通过小说，把爱情剖析得淋漓尽致。她让文字红了，个人生活却始终与人保持着距离。她不是小说里世故的女主，亦不是有钱的富家小姐，她还是那个自食其力的普通人。

在当时的文坛，并非张爱玲这一枝独秀，还有苏青、潘柳黛和关露。她们被称之为当时文坛的"四大才女"，一时风靡上海滩。后来，张爱玲在《传奇》的再版序言里写道："呵！出名要趁早呀！来得太晚的话，快乐也不那么痛快……个人即使等得及，时代是仓促的，已经在破坏中，还有更大的破坏要来。有一天我们的文明，不论是升华还是浮华，都要成为过去。如果我最常用的字是'荒凉'，那是因为思想背景里有这惘惘的威胁。"

是啊，出名要趁早，来得太晚，她要承受更多的磨难与窘迫。是她这"惘惘的威胁"，逼得她不得不尽力而为，为自己争出一片天地。张爱玲成功了，最开心的是姑姑张茂渊。成名代表着拥有一定的社会地位，代表收入增加，还代表她没有辜负爱玲母亲的嘱托。

成名后的张爱玲没有变，她不爱见陌生人，也不爱摆谱，依旧默默地伏案写作。她红得发紫，约稿接踵而来，成天待在家里，写一篇又一篇的稿子。才思枯竭于她而言，似乎是没有过的，她有太多不满与压抑，对世事有太多指控和歌颂，这些积压已久，

书写传奇：风靡上海滩的女子

她恨不得倾泻而出，奔腾万里。

最让爱玲不满和压抑的还是父亲那边的事。她成名后，在《大美晚报》上写了《私语》，在文章里，写出了当年对于父亲和后母的不满。他曾对她拳打脚踢，冷嘲热讽，爱玲发誓"要报仇"，如今那仇，靠一支笔，给了父亲最大的难堪。

那时，张志沂因为挥霍无度，已卖掉最后一辆车，从洋房搬到普通公寓居住。看到女儿成名，他暗暗地高兴过。但他也不免担忧，知道她一定会"报复"。他再也控制不住她，她也再不是那个任他欺、任他打的倔强女儿。遥想当年，两个寂寞的人一起读《红楼梦》，一起读小报，一起谈亲戚之间的笑话，仿佛就在昨天。那是一个又一个下午，她看着他坐在那里沉下去。是的，仿佛还是那个普通的下午，他仍然坐在那里沉下去，身边却少了自己的小女儿，他们父女二人，再也回不去了。

回不去的，还有她的家世，她是名门后代，好不辉煌，李鸿章，张佩纶，哪一个都来头不小。可如今呢，名门后代也枉然，她没能得到一丝一毫。后来，张爱玲的父亲落魄了，她的名气却越来越响亮，她对父亲的落魄从不关心，不是她狠心，她认为这是他自食恶果。

其实，张志沂是高兴的，不管她是不是骂了他，张家的族谱上，总算又出了一位名人。若干年后，那一段段往事，或许已经不再有人提起，可是张志沂和张爱玲都知道，那血液里的东西，始终牵连着他们。"他们只静静地躺在我的血液里，等我死的时候再死一次。"

书写传奇：风雁上海滩的女子

论"自己的文章"

当繁华接踵而来，落寞也便爬上心头。人世间，从没有绝对的现世安稳，所有的安稳都是暂时的。无论你已名扬四海，抑或富贵身家，宁静的人生下，永远暗藏着这双命运之手。它似那跌宕起伏的心电图，高高低低，好好坏坏，将你从高处拽落，又将你从阴沟举起。你以为，努力就能胜券在握，不信命运就能把命运交到自己手里，可它还是如同那心电图，你控制不住心跳的速度，你唯一能控制的便是你的心——心安稳了，心跳的速度才能有一个平稳的节奏，这时，那跌宕起伏的人生，才能好过得多。

一时间，张爱玲成了上海家喻户晓的女作家。自小到大，亲人朋友，无不喜欢她的文章。她的小说受到欢迎，并不出乎意料。令她出乎意料的是，出名以后，不仅喜欢她的人多，批评她的人也不少。

生命有它的图案

苏青是喜欢她的。苏青说："我读张爱玲的作品，觉得自有一种魅力，非急切地吞读下去不可。读下去像听凄幽的音乐，即使是片段也会感动起来。她的比喻是聪明而巧妙的，有些虽不懂，可也觉得是可爱的。它的鲜明色彩有如一幅图画，对于颜色的渲染，就连最好的图画也赶不上，也许人间本无此颜色，而张女士，真可以说是一个'仙才'了。"

张爱玲也捧苏青的场。爱玲说，古代妇女作家中最喜欢李清照，近代最喜欢苏青。她能踏实地把握住生活情趣，最大的特点是"伟大的单纯"。"低估了苏青文章的价值，就是低估了现代的文化水准。"

不喜欢张爱玲的人，是迅雨，也就是傅雷。那时，张爱玲在《万象》连载长一部长篇小说《连环套》，发表至四万七千字左右时，该杂志刊登了傅雷的《论张爱玲的小说》这篇文章。他先是肯定了《金锁记》，而后对六七部作品均提出了评论。他在文章里写道："全都为男女问题这恶梦所苦。恶梦中老是淫雨连绵的秋天，潮腻腻的，灰暗，肮脏，窒息与腐烂的气味，像是病人临终的房间。烦恼，焦急，挣扎，全无结果。恶梦没有边际，也就无从逃避……青春，热情，幻想，希望，都没有存身的地方……"

他甚至还强调，张爱玲已走入技巧的危险区，等技巧成熟过度，便重复自己。最后，他在文章里说："一位旅华数十年的外侨和我闲谈时说起：'奇迹在中国不算希奇，可是都没有好收场。'

第四章

书写传奇：风靡上海滩的女子

但愿这两句话永远扯不到张爱玲女士身上！"

张爱玲可以接受就事论事的批评文章，这段结语却深深地刺激到了她。她当即决定，要出第一本小说集，书名便叫《传奇》。该书出版后，四天便再版，成为当时最为畅销的书。她用实际行动，给了傅雷最直接、最有力的答复。不久后，她在胡兰成创办的《苦竹》杂志上，发表了《自己的文章》，用很大的篇幅讲述关于《连环套》的背景和思想。她没有犀利地反驳傅雷，而是用沉稳内敛的语气，不高也不低的态度，讲述了关于一位创作者的自省："现在似乎是文学作品贫乏，理论也贫乏。我发现弄文学的人向来是注重人生飞扬的一面，而忽视人生安稳的一面。……强调人生飞扬的一面，多少有点超人的气质。超人是生在一个时代里的。而人生安稳的一面则有着永恒的意味，虽然这种安稳常是不安全的，而且每隔多少时候就要破坏一次，但仍然是永恒的。它存在于一切时代。它是人的神性，也可以说是妇人性……我喜欢素朴……我也并不赞成唯美派……美的东西不一定伟大，但伟大的东西总是美的。"

张爱玲没有正面交锋，而是娓娓道来她多年来的思考，闲闲几笔，却也意有所指，让文学界对她有了重新的认识，认为她有四两拨千斤的本事。写作并非人生中的大事，爱玲对自己的作品有自知之明，别人的褒贬她极少在乎，更相信自己的判断。她把世界强行分作两半，光明与黑暗，善与恶，神与魔，只是写作时，她不把虚伪与真实强烈对照，而是用参差对照的手法，在虚伪中

生命有它的图案

有真实，浮华之中有素朴。

一位作家的写作，永远离不开自身的经历，爱玲在成长的岁月中，经历的种种挫折，早在她的心里建立了自我封闭的世界。她自私，自我沉溺，自卫，写作即是她的生存技能，也是她与世界对话的一种方式。对于自私，爱玲是承认的。她对胡兰成说："我是个自私的人。我在小处是不自私的，但在大处是非常的自私。"这如同，她的文章可以被批评，但上升到"人生批评"，她断然是不肯接受的。无论怎样，最终《连环套》没再连载，成了一本没有结尾的小说。她对此解释是："时间太逼促了，一期一期地赶。"可在当时，许多人以为她生了气，《万象》既发表她的小说，又发表批评她的文章，使她不再交稿给《万象》杂志。

张子静后来说："姐姐当年对迅雨的批评不尽同意，但对他的立论严谨、态度宽厚，也不禁暗自折服。她腰斩《连环套》虽另有原因，但迅雨对《连环套》的苛责，使她在决定中止《连环套》时，也不免受到一些影响。"

当爱玲想结束一件事情时，恰恰出了"批评风波"，使得她的结束也成了错。1976年，皇冠出版社出版《张看》一书，《连环套》被收录其中。爱玲在自序中说："《幼狮文艺》寄《连环套》清样来让我自己校一次，三十年不见，尽管自以为坏，也没有想到这样恶劣，通篇胡扯，不禁骇笑。一路看下去，不由得一直龇牙咧嘴做鬼脸，皱着眉咬着牙笑……"

第四章

书写传奇：风靡上海滩的女子

她写作高产，是真的累了。之前她一心写作，除了要成名，还要用稿费供养生活。当她名利都求得，想到休息也是自然的。谁知，努力到最后，还是弄巧成拙，栽了个大跟头。她一直都知道，人生向来不安稳，她能做到的，只是当下安稳。她在《我看苏青》中写道："她走了之后，我一个人在黄昏阳台上，骤然看到远处一个高楼。边缘上附着一大块胭脂红，还当是玻璃窗上落日的反光，再一看，却是元宵的月亮，红红地升起来了。我想道：'这是乱世。'……我想到许多人的命运，连我在内的；有一种郁郁苍苍的身世之感。……将来的平安，来到的时候已经不是我们的了，我们只能各人就近求得自己的平安。"

许多事，非要多年以后回头看，才知当时的自己，空有一腔热血，却少有处世智慧。论不论自己的文章，都无关紧要，历史都会帮她证明。好的文章会留下，好的作家也会留下，她是张爱玲，在漫长历史长河中，终于获得长久的"平安"。她的故事，一传再传，她的小说，翻了又翻，这远远不够，还会传得更久，更久。

"奇装异服"和"财迷"

爱美,是世间女子的天性,没有哪个女子不喜欢美丽。不过,美丽也分多种,有婉约娴静之美,有潇洒活泼之美,也有独特清丽之美。张爱玲是美的,并非是传统的漂亮,而是带着极致的璀璨与独特,活出了一种别致人生。

张子静一直不能忘记,姐姐张爱玲从香港回来时,他去看她,她穿着一件矮领子的布旗袍,大红底子,上面印着一朵朵蓝色白色的大花,两边没有纽扣,同西式衣服一样,将身体套进去的。张子静在上海没见过这样的旗袍,问爱玲是不是最新的旗袍式样。爱玲淡漠一笑:"你真是少见多怪,在香港这种衣裳太普通了,我正嫌这样不够特别呢!"

在还没独自一人生活以前,张爱玲从没要求过特别。她穿母亲买好的衣服,穿后母的旧衣,从来没有别致过,也从没按照

书写传奇：风靡上海滩的女子

自己的意愿装扮过。后来，她研究服饰，写关于中国服饰的文章，加上喜欢绘画，她心中理想的"独特"渐渐凸显出来。

爱玲喜欢特别一点儿，不喜欢普普通通的人生。她对弟弟张子静说："一个人即使没什么特长，最好是做得特别，可以引人注意。我认为与其做一个平庸的人过一辈子清闲生活，终其身，默默无闻，不如做一个特别的人，做点特别的事，大家都晓得有这么一个人；不管他人是好是坏，但名气总归有了。"

做特别的事，做特别的人，总归需要勇气。有一次，爱玲去参加朋友哥哥的婚礼，她穿了一套老式绣花袄裤，满座的宾客看到后惊讶不已。不过一件衣服，她实在不喜欢别人少见多怪的样子。

穿衣服打扮也不仅仅为了特别，她还想表达出对于服饰的审美，这来自她从小所受的教育。受张志沂影响，张爱玲一直被中国传统文化浸染，骨子里认为那文学里的美才是艺术。她喜欢穿旧式服装，也喜欢让身边的人穿这样的服装。

苏青、潘柳黛和爱玲是不错的朋友，三人常常聚在一起聊天。有一次，苏青和潘柳黛二人相约去张爱玲家，打开门，被爱玲穿的衣服吓了一跳。她穿了一件柠檬黄的晚礼服，袒胸裸臂，衣服上的珠翠叮当乱响，像是去赴一场晚宴。苏青以为她要出门赴约，急忙要走，爱玲这才不慌不忙地说，是为了等朋友。

苏青丈二和尚摸不着头脑，以为她又约了别人，还是想走。这时爱玲才告诉她们，正是为了见她们，才穿得这样隆重。她们

生命有它的图案

三人针对服装话题聊了起来，爱玲建议苏青穿简单明快的衣服，抑或不经意露出胳膊或浅胸的服装。爱玲看过苏青的文章，了解她的人，希望她能给人玉女般纯净的感觉。说到潘柳黛，爱玲则建议她穿祖母的衣裳。潘柳黛听完有点恼，认为她只配穿"寿衣"，可张爱玲却说，那样穿才别致，脸是青年人的脸，身上却满是古董味道。

后来，张爱玲遇到了胡兰成，她就那样一见倾心，第二日，他们再次约会时，她竟然刻意打扮起来，宝蓝绸袄裤，戴了嫩黄边框眼镜，很是风韵妖娆。他惊得在她面前小心翼翼，怕是惊扰了她的别致。多年后，胡兰成的侄女青芸回忆与张爱玲初见时的印象，也说了她的独特："张爱玲长得很高，不漂亮，看上去比我叔叔还高了点。服装跟人家两样的——奇装异服。她是自己做的鞋子，半只鞋子黄，半只鞋子黑的，这种鞋子人家全没有穿；衣裳做的古老衣裳，穿旗袍，短旗袍，跟别人家两样的……"

这样一位从"清朝"走来的女子，如何能不惊艳众人，如何能不惊艳胡兰成？岂止是胡兰成，怕是世间大多数男子见到她，都能读出她的特别，她的孤傲，哪怕再有才华、见识的男子，在她面前也黯然失色。张子静说，做一个特别的人，是她做人的哲学。爱玲不否认，她确实要特别，可她深知，她真正特别的地方从不是服装，而是她的思想，她的人，她孤傲的灵魂。

在钱财方面，爱玲也是特别的。多少文人，提及金钱便认为

书写传奇：风靡上海滩的女子

有了铜臭味，若写作是为了赚钱，更会遭人鄙夷。那些人清高，高傲，不可一世，认为艺术不可沾染金钱。所以说，张爱玲是特别的。她喜欢钱，写作也是为了赚钱。姑姑张茂渊常常戏谑她为"小财迷"，因为她在钱财上与姑姑分得很清。

姑姑张茂渊和张爱玲性情相似，喜欢彼此之间互不相欠，她们生活在一起，一点儿小钱也要算得清楚。她们不想为谁占了便宜，谁吃了亏而吵架，所以爱玲有时打碎了玻璃或者碗碟，姑姑便会催她补上。

炎樱则认为，爱玲是抠门的。她们两人关系极好，一起逛街，吃点心，看电影，一直都分得很清楚。爱玲说，她们那个时代的人，只能求得眼下平安，可她一直为未来的平安做着打算。战乱时期的上海和香港，物资匮乏，人人都会趁有钱时囤积柴米油盐，以备不时之需。爱玲没有安全感，她精算着一分一毛，只希望存得更多金钱，好让明天有保证。

出版《流言》之前，爱玲还爱囤积白纸，她怕白纸涨价，只有将白纸提前买回来才安心。后来印刷《流言》，爱玲雇了车子，将家中白纸运到印刷厂，这样便节省了不少开支。

她或许有点财迷，可是我们知道，她更希望不占别人的便宜，而她也不想别人占她的便宜。后来，胡兰成也说："要使她在稿费上头吃亏，用怎样高尚的话也打不动她。她的生活里有世俗的清洁。"

生命有它的图案

自私、无情、悲凉、财迷、孤傲……接触过张爱玲的人，都对她做出过这样的评价。若是换了旁人，定要争论一番，只是，这人是张爱玲，她不争，甚至是赞同的。她就是她，即使是别人眼中的"坏人"，又有什么好争辩的。她知道，当她决定做最"特别"的那个人时，那些声音就会存在。在《半生缘》里，她对此做了最好的解释："毕竟日子是自己在过，不是为了别人而活。他们分明耽搁了自己，在别人的目光中，悲哀地活着。"

第 五 章

倾城之恋：为他，把头低到尘埃里

倾城之恋：为他，把头低到尘埃里

原来你也在这里

人生一世，数载光阴，几经沉浮，仍要走到缘分的路口。没有早一步，也没有晚一步，刚巧就遇到，无须多言，只一个眼神便什么都懂了。他或许不会为你而死，但却一定为你而生，纵然他未必是陪你到白头的那个人，但他一定带着使命，来惊乱你的流年，成为你爱情里的劫数。

爱情，真是一件奇妙的事，能让一个人愿意卑微到尘埃里，再为他开出一朵花来。她是张爱玲，孤傲、自我封闭了二十多年，遇到他什么都变了。爱玲在圣玛利亚学校读书时，在毕业年刊上的调查栏里，关于"最恨"一项，她写："一个天才的女子忽然结了婚……"她在散文《有女同车》里也写过："电车上的女人使我悲怆。女人……女人一辈子讲的是男人，念的是男人，怨的是男人，永远永远。"那时，她还没有遇到爱情，所以气天才女

生命有它的图案

子忽然结婚；后来遇到了爱情，亦觉得只念男人的女人是可悲的。可是，当她爱上他，她心里念的，想的，怨的，不也是男人吗？这个男人，让天才女子张爱玲结了婚；这个男人，让爱钱如命的张爱玲奉献了全部积蓄；这个男人，让绝世而立的张爱玲，华丽转身，离群索居……

他叫胡兰成，一个自诩多情，处处留情的男人；一个民国乱世里，因是汉奸而四处逃亡的男人；一个狂狷自负、挟妓啸游的男人。在当时，他算不上大人物，只是在民国乱世，他亦是占了天时、地利、人和，成了一个不小的人物。是缘分，也是劫数，张爱玲在众多男子中偏偏遇见了他。他爱过她，可她到底只是他生命中的过客；她也爱过他，只是与君相遇后，她暗自萎谢，孤独终老。

与张爱玲大门大户不同，胡兰成出生于浙江省嵊县（今嵊州）下北乡胡村，原名胡积蕊，小名蕊生。祖父胡载元曾是茶栈老板，是当地有名的富翁，只是父亲胡秀铭继承家业后，无端败落，沦为普通农家人。胡兰成自幼喜欢读书，青年时于燕京大学旁听课程，善写作，却因家境贫寒，始终找不到施展才华的机会。

在遇到张爱玲之前，胡兰成已有发妻，叫唐玉凤。他与她刚结婚一年，便不甘居于乡野，离开家乡去了北平。在北平这个人才济济的地方，他想出人头地并不容易，因着字写得不错，朋友给他介绍了一份在燕京大学副校长室抄写文书的工作。一年后，北伐战争爆发，学校停课，他又回到浙江，在几所专科学校教书。

第五章

倾城之恋：为他，把头低到尘埃里

虽然这份工作无法满足他的理想，好在温饱不愁，平静安稳。

丈夫迟迟不归，唐玉凤便去找胡兰成了。一两年没见，他再见她忽有恍如隔世之感。那时正流行"五四运动"的风气，女生白衫黑裙，洋气又有活力，再看唐玉凤，他的脸立刻耷拉了下来。他甚至和别人说："我见玉凤来到，吃了一惊。学校里女同事和同事的夫人都摩登，玉凤却是山乡打扮……她又不能烟视媚行，像旧戏里的小姐或俏丫鬟，她是绣花也不精，唱歌也不会。"

如此势利的话像一把利剑，刺痛了唐玉凤的心。什么都不会，不是她的错，嫁给这样一位薄情的男子，倒是嫁错了人。没多久，唐玉凤因病去世了。他无钱安葬，四处借钱，受尽乡人的白眼和奚落，那时起，他便更想出人头地。后来，胡兰成说过这样一句话："我对于怎样天崩地裂的灾难，与人世的割恩难受，要我流一滴眼泪，总也不能了。我是幼年时的啼哭，都已还给了母亲，成年的号泣，都已还给了玉凤，此心已回到了如天地之仁！"

或许，他天生是一位多情的浪子，抑或是天生就懂得人情世故，懂得做人的圆滑。若不是凭借这些本事，他不会成为汪精卫的手下。张爱玲爱上他，不是偶然，而是必然。对于这样一位有才情，懂女人的男人，又岂止是她会为之倾倒？事实证明，后来的胡兰成"女朋友"众多，只要他喜欢，都如探囊取物，从不失手。

唐玉凤死后，胡兰成四处谋职，辗转多个城市，只能继续他的教书生涯。然而，现在的他并不满足做一名老师，也无法再忍

生命有它的图案

受贫穷的生活。他一直在寻找机会，渴望借助东风，青云直上。这期间，他娶了一个叫全慧文的女人为妻。

风起云涌的乱世，有人朝不保夕，有人借战争找到新的机会。1936 年，胡兰成应第七军军长廖磊之聘，兼办《柳州日报》，发表关于抗日战争必须与民间起兵相结合的内容。5 月，两广兵变，大事未成，他被第四集团军总司令部监禁了起来。

这一次监禁，足有三十天。1937 年，他得到了更大的机会，被《中华日报》聘为主笔，去了上海。次年年初，他又被调到香港《南华日报》任总主笔。从此，胡兰成成为汪精卫的得力干将，在各类日本人控制的报刊上刊登亲日言论。汪精卫的妻子陈璧君在香港见到了胡兰成，认为他是一个人才，亲自将他的薪水调整为三百六十元港币，另外还送了他两千元机密费。之后，胡兰成离开香港回到上海，任伪《中华日报》总主笔。那几年，他好运连连，曾经不堪回忆的过往，再不愿提起。

胡兰成官场得意，早已习惯众星捧月的滋味，没几年，他势利的本性渐渐暴露，受到了汪精卫的冷落。胡兰成见仕途不保，结识了日本使馆的官员池田笃纪，后被汪精卫下令逮捕。迫于日本人的压力，汪精卫十分无奈，只好又将他释放。

出狱后的胡兰成再次沦为无名小卒，与那段辉煌的政治生涯彻底告别了。回首过往，一切来得太快，去得也太快，恍惚间，梦就醒了。梦里梦外，他什么也没落着，还是孑然一身，穷困潦倒。

第五章

倾城之恋：为他，把头低到尘埃里

但他认为他还年轻，只要有足够的时间，仍然能重新开始。

胡兰成得不到日本官员的重视，在汪精卫处又遭到排挤，他被逼无奈，只好回南京家中静养，谎称身体抱恙。就是这样的静养，让他遇到了"张爱玲"这个名字。之后，张爱玲便落入他精心编织的情网里，一直到他有了其他女人，爱玲才彻底从梦里醒来。

那是一个闲暇惬意的午后，无所事事的胡兰成半卧在躺椅上，漫不经心地翻阅着一本由冯和仪寄来的《天地》月刊。冯和仪是《天地》的主编，这女子文笔大方利落，他很是欣赏。其实，冯和仪便是苏青。他看完发刊词，接着翻阅杂志，然后就看到了《封锁》，署名是张爱玲。

仅几个小节，胡兰成便沉浸在文字里不能自拔，从黄昏到日暮再到深夜，他是仍意犹未尽。她的小说，令他拍案叫绝；她的才情，令他完全折服。他读了一遍又一遍，再也放不下。从此，他再也放不下这位叫张爱玲的女子。胡兰成开始收集杂志，寻找与张爱玲有关的文字和她的文章。只要是她的，都是好的。他难以置信，世间竟有这样作品。他写信给苏青，询问张爱玲的性别，苏青回复他的只有两个字"女的"。

他心中一阵狂喜，张爱玲果然是一位女子。他再看她的文字，那字里行间也多了几分温情。她的文字让他忘记政治上的失意，整个身心都只陶醉在一个叫"张爱玲"的世界里。他要去找她，告诉她，他是她的知音，是她的真命天子，早已寻找她好多年。

121 ‖

生命有它的图案

透过文字，他看到了她的孤冷，看透了她的寂寞，更懂她骨子里的高贵。这样的女子，如此非同凡响，真是世间少有。他想沉浸到她的世界中去，去抚慰她的灵魂，去与她畅谈文学，与她一起分享文学背后的情怀。

于千万人之中，他遇到了她，是他想先说："原来你在这里。"他要去制造一段相遇，制造与她相识的机会。他愿意与她执手相看，一生岁月静好。

倾城之恋：为他，把头低到尘埃里

对你，我敞开心扉

缘分，是一件很奇妙的东西。不管两个人相隔多远，仿佛有一根红色的绳子，将两个人紧紧地牵在一起。你手握那根红线，直到遇到他，才发现那根线牵着的是一颗心。什么高傲的灵魂，寂寞孤冷的心，一旦遇到爱情，都变得很低，很卑微。只要爱上了，他所有的好都是好，坏也便是好了。

说起来，是张爱玲先知道胡兰成的。苏青很欣赏胡兰成，在他入狱时，曾和张爱玲一起去一个叫周佛海的人家里为之求情。透过苏青，爱玲知道他，也略知他的才情，否则谢绝宾客的她，不会在他拜访时便欣然答应。

在张爱玲，他是她一生要等的人；在胡兰成，他有妻子，有两儿三女，却也顾不上那许多，只要他认定了她，纵是众叛亲离，也不容许自己错过。1944 年 2 月，胡兰成从南京回到上海，一下

生命有它的图案

火车，便奔赴《天地》编辑部找苏青。没有客套，也不拐弯抹角，直接询问这位叫张爱玲的女子。苏青说："张爱玲不见人的。"若是别人听了，定是唉声叹气，感叹无法一睹才女芳容，但胡兰成听完，却万分惊喜。他的判断果然没错，爱玲是一位高傲孤冷的人。

他要了张爱玲的地址——静安寺路赫德路口一九二号公寓六楼六五室。他是那样迫不及待，第二日，穿了一袭青色长袍，匆匆叩响了张爱玲家的大门。这一年，胡兰成三十八岁，张爱玲二十三岁，对于一个饱经风霜，尝遍世味的男人，他有着天然的魅力。

开门的是张爱玲的姑姑张茂渊，她了解侄女极少见客，用以往一贯的姿态拒绝了他。胡兰成还未介绍自己，那大门便无情地关上了。他出门走得急，忘记带名片，只好取出纸笔，将自己的姓名和电话号码写上，把那张小纸条从门缝里塞了进去。

当张爱玲拿到纸条，看到上面写着"胡兰成"三个字时，不知心里是一番怎样的滋味。但我们知道，他在她心中，一定与众不同，不然也不会打电话应约。姑姑张茂渊知道胡兰成，劝爱玲说："听说这是个政界的人物，你还是要谨慎一些。"

她不顾姑姑的劝阻，第二日便打电话给胡兰成，想与他见一面。缘分改变人心，平日里，弟弟张子静去拜访她，她都极少接待。如今，换了素未谋面的胡兰成，她却愿意俯身去他家中回访。或许张爱

第五章

倾城之恋：为他，把头低到尘埃里

玲也不清楚，当初为何与他相见；也或许她是知道的，她欣赏他的才情，知道他的复杂背景，因为苏青欣赏他？

不管何种原因，她去了胡兰成在上海的家，大西路美丽园。他自然是激动的，甚至有点手足无措，不知该如何是好。他在杂志上见过她的照片，是那样清婉可人，这让他对她充满了期待。他的心情是那样复杂，他写道："我一见张爱玲的人，只觉与我所想的全不对。她进来客厅里，似乎她的人太大，坐在那里，又幼稚可怜相，待说她是个女学生，又连女学生的成熟亦没有。我甚至怕她生活贫寒，心里想战时文化人原来苦，但她又不能使我当她是个作家……她又像十七八岁正在成长中，身体与衣裳彼此叛逆。她的神情，是小女孩放学回家，路上一人独行，肚里在想什么心事，遇到小同学叫她，她亦不理，她脸上的那种正经样子。"

胡兰成心里五味杂陈，不知该如何形容这次初见。或许有失望，有惊奇，有失落，连他自己都乱了步调。他什么风浪没见过，什么样的女人没见过，在她面前，还是不淡定了。她是如此与众不同，真叫他难以捉摸，可越是这样，他越想了解这位女子。

"张爱玲的顶天立地，世界都要起六种震动，是我的客厅今天变得不合适了……她的亦不是生命力强，亦不是魅惑力，但我觉得面前都是她的人……"张爱玲是怎样一番模样，才让她变得"大"了，面前都是"她的人"了？初见那天，爱玲沉默不语，只是静静地坐着，听着。胡兰成倒是口若悬河，高谈阔论，他到

生命有它的图案

底经历过世事，见解与思想很让爱玲欣赏。或许在张爱玲眼中，他才是那个变得高大伟岸的人吧。

"美是个观念，必定如此如彼，连对于美的喜欢亦有定型的感情，必定如何如何，张爱玲却把我的这些全打翻了。我常时以为很懂得了什么叫惊艳，遇到真事，却艳亦不是那种艳法，惊亦不是那种惊法。"

张爱玲并不美丽，却是独特的，这是她的人生哲学。以往有人见到她的独特，只会少见多怪地惊讶，在胡兰成面前，她的独特找到了知音。她如同一瓶藏匿在巷子里的老酒，等待了二十多年，终于找到了懂她，能品出她味道的人了。不是世间所有的酒，只有辛辣，她这瓶酒，清洌甘甜，冰凉爽口，不懂的人，只被那凉惊到，便否定了酒的滋味。他不同，像欣赏一件艺术品，在那清凉里品出了甘甜。

这一次相见，便是五个小时。直到天色渐晚，日头在西边沉下去，爱玲才依依不舍地离去。她要走了，他送她到弄堂口，两人并肩而行，心中惆怅万千。他不经意间冒出这样一句话："你身材这么高，怎么可以呢？"只这么一句，懂的人便懂了。他把她当成了什么，竟说出如此亲密的话来？张爱玲吃了一惊，甚至有些不喜欢，只是这样的男子难得，原谅他也不过是一瞬间的事。

遇到爱情前，张爱玲以为已懂得爱是什么，遇到胡兰成，才知那颗孤冷寂寞的心，也会开出花来。她如同那朵盛开的花，渴

第五章

倾城之恋：为他，把头低到尘埃里

望把那颗真心般的花蕊展现在他面前，将她的过去、悲伤、痛苦、欢喜，统统与他分享。

回去后，张爱玲自知再不能回到从前了。她坐在那里五个小时的淡定自若，不过是一种假象，心里早已翻江倒海，欢喜万分。

她与他的相遇，不早不晚，一切都刚刚好。若早，他是涉世未深的毛头小子，不会入爱玲法眼；若晚，他那沧桑里一定多了对命运的哀叹，亦不是爱玲喜欢的情调。

她遇到爱情，也刚刚好。若早，没有名气，他不会一眼就看到她；若晚，她亦少了清丽可爱，将自己活成一座孤岛，他就是费几番周折也未必能获得她的芳心。

因为遇见，岁月静好，只是，你惊了那寂寞芳心，便再也不能安稳。

总之，他离婚了

世间人，凡是动了情，便再不能安稳，冷静。纵是你逻辑清晰，思维敏捷，理性冷酷，在情面前都乱套了。那颗心，一旦泛起涟漪，便会放下所有骄傲，为他低至尘埃，为他开出花来。此后，不问世事，不争朝夕，只想与他平平淡淡走完一生。

遇到爱情前，你或许想成为世间最独特的女子；或许想做一个绝世而独立的女子；抑或是想隐居江南，读书侍花，做一个悠闲恬静的女子。遇到爱情后，那片广阔的天地也变得狭小了，你别无所求，只求每一片天地里都有他，不管他身在何处，都能给你一个温暖的家。

见到胡兰成，张爱玲那颗冰冷的心化了。那夜，她倚窗望月，冰冷的月亮竟变得毛茸茸的，可爱起来。姑姑张茂渊看在眼里，再次劝她慎重，她微笑，不去想那许多，只想听凭自己的内心去

倾城之恋：为他，把头低到尘埃里

选择。

胡兰成见到张爱玲，再也不能睡去。他三十有八，虽说不算年过半百，也算饱经风霜，他什么样的女子没见过，竟为爱玲夜不能寐。此时的他，全然忘记了家中的妻子全慧文，和他那留在南京的旧好。不管是百乐门的歌女，还是贤惠的妻子，抑或名妓，在爱玲面前都已黯然失色。那夜，他只记得她，脑子里也只有她。在他看来，他是爱过爱玲的，确实，不否认她在他心中的特别，可那到底是爱吗？爱她，会挟妓云游？爱她，会找上小周？爱她，会又遇到范秀美？

第二天，胡兰成去了张爱玲家中。他们早已约好，爱玲甚至为他刻意打扮了一番：宝蓝绸袄裤，嫩黄边框眼镜，文雅的书卷气，很有风韵。胡兰成再次被惊到，这次惊艳他的不是张爱玲，而是张爱玲的家。这房子虽然不大，却十分华贵，家具、器物、摆设别有一番格调。他说："你们这里布置得非常好，我去过好些讲究的地方，都不及这里。"

张爱玲淡然一笑，这个家并非由她布置，风格喜好全是出自姑姑张茂渊，若是她来布置，必定如同她的画，也如同她笔下对于色彩的搭配，是那样的艳丽与大胆。再一次，他讲她听，却骤然发现，原来她是懂他的。或许说，他阅历的女子无数，遇到了她才算是棋逢对手。他要赢，他要与她斗下去。

张爱玲习惯了冷漠，即使心中多情，表现出来的仍是有点不

生命有它的图案

近人情。他忽然发现，原来他一点儿也猜不透她，那颗心深不见底，他使出浑身解数，也不过只能博美人一笑。其实，张爱玲那深不可测的心，早已变成一汪清水，她不是深不见底，而是已展现出她的全部。

他们就是那般看着日头再次落下，这一次，不知谈了多久，只知两人都醉了。胡兰成回到家，立刻给张爱玲写了信，"竟写成了像五四时代的新诗，一般幼稚可笑"。

张爱玲阅完，回了信："因为懂得，所以慈悲。"有些话无须多言，说给懂的人听，几个字就够了。张爱玲不求什么，只求懂得，这是老天和他最大的慈悲。他背景复杂，有家室，有一段又一段风流韵事，她统统不计较。只要是她想要的，便会义无反顾。胡兰成说爱玲："她要的东西定规要，不要的定规不要。"其实，张爱玲并非无情，她之所以看上去无情，不过是因为那些不是她想要的。

那个常常闭门谢客的家，一次次迎来胡兰成。他每隔一日去看她，两人一起喝红茶，吃点心，谈小说，说故事。来得次数多了，姑姑张茂渊总觉得不妥。他一个背景不干净，又有妻室家小的男人，如何总能往一个清白小姐家里跑？

爱玲到底是介意了，给胡兰成写了一张纸条过去，说以后不要再来相见了。小女子生气，胡兰成是见过的，争风吃醋是女子的天性。他不把这当回事，照旧去看望爱玲，后来干脆每天去找她，恨不得与她时时在一起。

第五章

倾城之恋：为他，把头低到尘埃里

爱玲见他执着，自然满心欢喜。事已至此，身为姑姑又能说什么？那段时间，胡兰成奔走于上海和南京，每次回到上海，便第一时间去看望爱玲，一进门便说："我回来了。"不知何时，他竟把她这里当成了家。家，是一个比爱还令人感到温暖的字眼。倾慕的男子如此在意自己，世间哪个女子受得了？

日子一天天地过着，他在时，男欢女爱；他不在时，她低头写作。他在南京有相好，爱玲不是不知道，他每次回南京，不知爱玲是何滋味。倒是胡兰成把这件事说得明白，他在《今生今世》里写道："我已有妻室，她并不在意。再或我有许多女友，乃至挟妓游玩，她亦不会吃醋。她倒是愿意世上的女子都喜欢我。"

不是张爱玲太过自信，也不是她不会吃醋，而是她只要了一份懂得。他懂她，就好，就有一份安稳。他们欢喜地在一起，分离也不伤感，只是，在一次次分离中，爱玲竟寝食难安了："你说没有离愁，我想我也是的，可是上回你去南京，我竟要感伤了。"

爱上一个人，不是懂得就好，到底是想要拥有。爱玲曾给胡兰成写信说："我想过，你将来就只是在我这里来来去去亦可以。"这话里话外，看似与世不争，却又有些许无奈。没有哪位女子不想与喜欢的人到白头，不渴望有一个归宿。只是她以为懂他，到底是不懂的，她不知道他所有的温情，对别的女子亦是有的。

她不要名分，不要婚姻，可老天竟要把他送给她。他离婚了，不是他主动提出的，是那位叫英娣的女人要与胡兰成离婚。此时

生命有它的图案

的胡兰成，反而有些无奈了："我与爱玲只是这样，亦已人世有似山不厌高，海不厌深，高山大海几乎不可以是儿女私情。我们两人都少曾想到要结婚。但英娣竟与我离异，我们才亦结婚了。是年我三十八岁，她二十三岁。我为顾到日后时局变动不致连累她，没有举行仪式，只写婚书为定，文曰：胡兰成张爱玲签订终身，结为夫妇，愿使岁月静好，现世安稳。上两句是爱玲撰的，后两句我撰，旁写炎樱为媒证。"

这婚胡兰成似乎结得委屈。他或许只把她当作知己，当作红颜，唯独没有当作妻子吧。婚姻对于他来说，不过一纸约定；对于张爱玲，却是终身的嘱托。张爱玲失望了，胡兰成是靠不住的，就像全慧文早已不知去向，他的妻子换成了英娣，那么未来，张爱玲的位置又会换成谁呢？

张爱玲不计较他情感纷乱的世界，只想守着一个人安稳度余生。她仍不能忘记，有一日，胡兰成偶然说起张爱玲刊登在《天地》杂志上的照片，第二天她便取出照片送给他，背后写着："见了他，她变得很低很低，低到尘埃里，但她心里是欢喜的，从尘埃里开出花来。"

爱着时，花是娇美的；不爱时，花开着也谢了。她的头，从低下去那一刻就已经输了，输了。这是一场注定的结局，此后她由大变小，越来越小，直到转身离去，才彻底在爱情里翻身。这是她最后的尊严，即使再痛，也要学着告别。

倾城之恋：为他，把头低到尘埃里

愿岁月静好，现世安稳

越是缺什么，人们越是祈愿什么。生逢乱世，祈愿安稳，岁月静好。生在太平盛世，怕是要祈愿功名利禄了吧。有人说，你从不会嘱咐一个好好吃饭的人按时吃饭，因为你无须嘱托，他从不令你担心，而不好好吃饭的人，才需要反复唠叨。当她写下"愿使岁月静好"，他写下"现世安稳"时，便知这样的祈愿很难实现了。

爱情，从来都是脆弱的，有时不是爱错了人，而是平淡的岁月，总会把爱情消磨得一丝不剩。婚后的爱玲，生活变化并不大，依旧不与人交往，也不参加胡兰成的应酬，更不见他的朋友。当她和他的新闻，传遍上海每个角落，她亦是不在乎的。他喜欢她的干脆，喜欢她的大度与懂事。她永远不似那凡尘里的小女子，悲天悯人，争风吃醋，惹得男子只能去哄。

或许男人都喜欢大度的女子，自己既可以"红旗不倒"，又

生命有它的图案

可以"彩旗飘飘"。张爱玲说过"因为懂得，所以慈悲"，她是因为懂他，才对他的风流韵事慈悲的吗？不管何种原因，彼时的她是幸福的。他们二人一起在家看书，一起探讨文学，他从她那里获益匪浅。胡兰成说："我在爱玲这里亦有看见自己尸骨的惊。我若没有她，后来亦写不成《山河岁月》。我们两人在房里，好像照花前后镜，花面交相映。我与她是同住同修，同缘同相，同见同知。爱玲极艳，她却又壮阔，寻找都有石破天惊。她完全是理性的，理性到如同数学。她就只是这样的，不着理论逻辑，她的横绝四海，便像数学的理直，而她的艳亦如数学的无限。"

爱玲一直惊艳着胡兰成，在文学上，他的才情远不及她。这样一位天才女子，似乎对他百依百顺，但不依的还是不依。她不会逆反，就是安静地听着。有时他们总有说不完的话，有时他又觉得她太过冷漠。他说："爱玲种种使我不习惯。她从来不悲天悯人，不同情谁，慈悲布施全无，她的世界里是没有一个夸张的，亦没有一个委屈的。她非常自私，临事心狠手辣……她却又非常顺从，顺从在她是心甘情愿的喜悦。且她对世人有不胜其多的抱歉，时时觉得做错了似的，后悔不迭，她的悔是如同对着大地春阳，燕子的软语商量不定。"

人们常说，爱情里的人，缺点也是优点。在胡兰成看来，爱玲的缺点他无法忍受，他是没办法爱的。他要的是一个完美的女人：在文学里，石破天惊；在生活里，百依百顺；在性情上，温顺可

第五章

倾城之恋：为他，把头低到尘埃里

爱……人无完人，他又怎会懂得，爱玲对他的多情亦是不能忍的。她从来不说，就这样默默地忍受着，底线过后，亦会决绝转身，与他再无干系。

细细想来，在爱情里张爱玲一直是清醒的，倒是胡兰成入了梦，梦里半点由不得他。她为他洗手做过羹汤，为他笑过、温顺过，可她与生俱性情，誓死不改。她喜欢家里有他，温暖而美好，她年幼时偷偷观察父亲，看他坐在椅子上沉下去。婚后，她看胡兰成，在房外窥看他在房里的样子，她写道："他一人坐在沙发上，房里有金粉金沙深埋的宁静，外面风雨琳琅，漫山遍野都是今天。"

胡兰成却没有这样快乐，他爱得小心翼翼，才有了那许多抱怨。他要包容她的脾气，要顺应她的生活节奏。有一次，他们在雨中同坐一辆黄包车。爱玲坐在胡兰成腿上，她穿着雨衣，他只觉得她竟那样高大，他抱着她十分辛苦，却也没有说什么。胡兰成说："我们虽结了婚，亦仍像是没有结过婚。我不肯使她的生活有一点因我之故而改变。两人怎样亦做不像夫妻的样子，却依然一个是金童，一个是玉女。"

纵然情深，也爱得冷静，她那誓死不改的性情，让他莫名惶恐不安。她的不动情、冷漠、不感动，使他猜不透，使他不得不对号入座。他总以为，那冷静里，一定有对他的冷。

张爱玲曾说："最恨一个天才的女子忽然结了婚……"这是因为，她曾经喜欢过作家张如谨，后来张如谨结了婚便不再写作。

生命有它的图案

张爱玲结婚了，写作也很奇怪地搁浅了，她再也写不出超越之前的作品。那时，她正连载《连环套》，傅雷对该作品提出了批评，而胡兰成也觉得，她该歇一歇了。"她对于人生的初恋将有一天成为过去，那时候将有一种难以排遣的怅然自失，而她的才华将枯萎。"

婚姻，似乎是天才的魔咒，那岁月静好的日子，岂知正消磨着爱情，也消磨着天分。胡兰成建议她停些时日，等灵感恢复再写作也不迟。就这样，她停止了连载《连环套》，把大段的岁月留给了一个人。

乱世里的人，祈求过一份平淡的日子，算不得太过奢侈。可对于胡兰成而言，每一次战事都关乎着他的命运。有爱玲陪伴的日子，他几乎忘记了仕途的失意，当山西战事逼退日本兵，亲日派的胡兰成再也坐不住了。张爱玲是十分担心的，急得不知该如何是好，胡兰成只好安慰她："你这个人哪，我恨不得把你包包起，像个香袋儿，密密的针线缝缝好，放在衣箱里藏藏好。"

看来他是想逃了，这言语里全是离别的话，话里话外有不舍，可是她到底不是香袋，不能随他而去。他说："我必定逃得过，唯头两年里要改姓换名，将来与你虽隔了银河亦必定得见。"张爱玲立刻回道："那时你变姓名，可叫张牵，又或叫张招，天涯地角有我在牵你招你。"

她许了他岁月静好，她给得起，但他却给不了她现世安稳。

第五章

倾城之恋：为他，把头低到尘埃里

他走了，改名换姓地躲了起来。他清醒了，不再沉浸在一段华美的爱情梦里，自他踏出张爱玲家门那一刻起，飞黄腾达的野心占据了他全部身心。他要走，她自不会挽留，除了负气说下牵他招他的话，再无一句嘱托。

今日一别，后会无期。只盼此去安好，留待来日。那隔了银河的牛郎与织女，几千年来亦此情不变，他们只隔了天涯海角，她终能寻得到他。

生命有它的图案

哦，小周

　　张爱玲在小说《等》里写过一句名言："男人离开六个月便靠不住了。"以往他去南京，她知道此去时日不多，定回归来。如今一别，山高水远，只怕他改名换姓，不知归期了。什么信誓旦旦，什么山盟海誓，在生死面前还不是渺小得如同虚无。所以，干脆什么也不说，无须承诺，不守誓言，总好过给他加重负担。

　　胡兰成走了，张爱玲心中难免落寞。好在那段时间她忙得紧，《倾城之恋》即将改编上演，她常常亲自到场挑选演员，最后白流苏由名角罗兰饰演。看着笔下的主人公，从文字里走出来，那种感受真是令人吃惊。她在《罗兰观感》里写道："罗兰排戏，我只看过一次，可是印象很深。第一幕白流苏应当穿一件寒素的蓝布罩袍，罗兰那天恰巧就穿了这么一件，怯怯的身材，红削的腮颊，眉梢高吊，幽咽的眼，微风振箫样的声音，完全是流苏，使我吃惊，

第五章

倾城之恋：为他，把头低到尘埃里

而且想：当初写《倾城之恋》，其实还可以写得这样一点的……"

作品，永远都是如此，多年后，再看昔日文字，总觉得可以写得更好。她沉浸在这场戏剧的排演中，只有这样，才可以忘记思人之苦。她把《倾城之恋》拿去给柯灵看，并得到了他的帮助，在一次次修改后，这部戏最终大获成功。她再一次轰动上海滩，成为上海的传奇。当时许多名人都对这部戏赞不绝口，电影导演桑弧看完首演后，更是决定要与张爱玲合作。

他不在的日子，她再一次走向顶峰，那你侬我侬的陪伴，始终不适合创作。有得有失，有失有得，你以为老天拿走，是让你失去，冥冥之中是为了让你有所得。可是，人们就是这样不甘心，总是紧抓失去的部分不放。其实，张爱玲是不抱怨的，她早已懂得人做不了自己的主。她在《倾城之恋》里这么写："'死生契阔——与子相悦，执子之手，与子偕老。'……我看那是最悲哀的一首诗，生与死与离别，都是大事，不由我们支配的。比起外界的力量，我们人是多么小，多么小！可是我们偏要说：'我永远和你在一起；我们一生一世都别离开。'——好像我们自己做得了主似的！"

她也做不了自己的主，可还是写下了"愿岁月静好，现世安稳"。胡兰成说她做人无情，其实她懂得自己左右不了命运，只好对命运低头。就像自从出了《连环套》事件后，她再不肯给《万象》的柯灵稿子，可她终究还是低了头，剧本仍然会交与柯灵指导。不过，对于伤过她的人，爱玲也永远不会原谅。

生命有它的图案

《连环套》被傅雷批评后,爱玲的好友潘柳黛决定借此机会,好好调侃一番爱玲和胡兰成。她了一篇叫作《论胡兰成论张爱玲》的文章,为此还专门问胡兰成怎么"横看",怎么"竖看"一篇文章。她在文章里说,张爱玲从李鸿章一脉继承而来的贵族血液,就像是在太平洋里淹死了一只小鸡,上海人喝了黄浦江的水后,便说自己像是喝了一碗鸡汤。将那么久远的故事和古老的人联系在一起,是一件完全不相干的事情。

潘柳黛这篇文章发表后竟好评如潮,"贵族"一词成了流行,就连餐馆里也开始销售"贵族豆腐""贵族排骨面"。那时,陈蝶衣正巧开着一家上海点心餐馆,特意使用了"贵族排骨面即将上市"的噱头,并将它做成海报大肆宣传,惹得"贵族"二字成了一种极大的讽刺。

只有熟悉你的人,才知道你的弱点在哪里。傅雷那些批评,对于张爱玲不过就事论事;好友潘柳黛这番讽刺,则为人身攻击。张爱玲一直引以为傲的家族背景,在她那里竟成了一个笑话,她如何能原谅这个"玩笑"?多年后,张爱玲再赴港,有人跟她说,潘柳黛也来香港了。她听完,冷冷地说:"潘柳黛是谁,我不认识。"

一个疙瘩,她结了一辈子。不是她做人小气,实在是别人伤她太深。原本,她对未来岁月充满期待,她要穿得独特,要出风头,要成为最红的女作家。遇见他,她便只希望每个下午,他都能坐在房间里看书,那一个个"今天",都是明天。

第五章

倾城之恋：为他，把头低到尘埃里

可那个叫胡兰成的男人，又岂是甘心坐在家里读书的人？他要去奔仕途，要一个又一个女人。他乐意挟妓啸游，甘心为了仕途东躲西藏，是他自己先背叛了誓言，给了她一个不安稳的人生。

当他背叛她一次，她选择了忍耐；当他背叛她一次又一次，她决意再不原谅。

远方的胡兰成来信了，提笔写生活，落笔写小周。是的，他的信里，写了一位叫小周的女子。虽然只是浅浅几笔，但看得出，他是倾慕她的。到底是怎样一个男人，敢将自己的相好光明正大地报告给妻子？又是怎样的一个女人，能容忍丈夫爱上别的女子？张爱玲是难过的，她盼了又盼，等了又等的信，换来的竟是他的背叛。她权当没这回事，在信中淡淡地回："我是最妒忌的女人，但是当然高兴你在那里生活不太枯寂。"

恍然间，她想到了"懂得"，这是多么可笑的一个词。他爱上她，不也是因为懂得吗？只是，他从来都不懂她。她甚至在信中提到，自己是最妒忌的女人，可他权当没这回事，只看到爱玲说，她高兴他的生活不枯寂。

后来他再写信，每次都提到小周。虽然漫不经心，可到底成了扎在她心中的一根刺。她不提，不问，只想假装什么也没发生。可是，许多事，不是假装没有就什么都没有。当初她写《红玫瑰与白玫瑰》，就已知道爱情是怎么一回事。小周，是胡兰成的床前明月光，心口的朱砂痣；而她不知何时，成了墙上的蚊子血，衣襟上的饭粒黏子。

　　不知是爱情靠不住，男人靠不住，还是她爱上的这个男人靠不住……许是人性本就如此，只是造化弄人，她早就明白的事非要亲身走一遭，才能彻底领悟。

第六章

曾经沧海：再见，再也不见

曾经沧海：再见，再也不见

窈窕淑女，君子好逑

成了家的人，从此便有了牵挂，纵是山高水远，远在天涯，亦似天上的风筝，始终有一根线握在他人手里。这是一种束缚，实则也是一种幸福。与毫无牵挂的人相比，有人念着，想着，不也是一种快乐吗？

然而，对于胡兰成而言，张爱玲在哪里，哪里就有一个家。他念着爱玲，想着爱玲，那远在天涯的妻子又怎能解他相思之苦呢？他初到武汉，心里是记挂着张爱玲的。一个生死未卜、四处躲藏的游子，哪里还顾得了儿女情长。只是时间一久，他什么都忘了。

1944年11月，张爱玲和胡兰成刚结婚不久，他便靠着池田笃纪，由南京转到武汉创立《大楚报》，为日本人写虚张声势的文章。直到1945年12月，日本侵略者节节败退，美国空军炸弹频频炸响，胡兰成这才感觉到了危机。当炸弹在他身边爆炸，当他以为自己

生命有它的图案

即刻将被炸死，他跪倒在铁轨上，绝望之余，喊出了张爱玲的名字。此时的张爱玲，是他今生的牵挂，他舍不得她。

《大楚报》的社址在汉口，胡兰成初到此地，被安排在汉阳县立医院暂住。他所住的地方，与几位女护士为邻，她们是几位正值如花年纪的姑娘，活泼可爱，天真烂漫。那一阵阵甜美的笑，跑进跑出的优美姿态，胡兰成如何能不动心？所以，他一下班，就去找那些女护士，与她们聊天调笑。

胡兰成风流倜傥，儒雅风趣，纵是张爱玲也招架不住，这些年轻的小女子又岂是他的对手。在这几位女护士里，他看中了一位叫周训德的姑娘，她聪明调皮，又生得白皙素雅，很让胡兰成心动。胡兰成说："刚与你认识，就有了这般惊响。"

又是一个"惊"字。他见张爱玲，用了"惊"，惊奇，惊艳，惊了他的心。在小周，是惊响，如同她那爽朗的笑，是那样非同凡响。胡兰成说她："虽穿一件布衣，亦洗得比别人的洁白，烧一碗菜，捧来时亦端端正正。"然而，正是她的优秀出色，害了她一生。遇到胡兰成，成了她的劫，让她陷入万劫不复。

追求女生，是胡兰成的拿手本事。他教她读诗写字，尤其那情诗，定要一字一词地讲，讲到她心旌摇荡。他还让她帮他抄稿子，殷勤地关心她的生活。日子一久，她渐渐发现他的好，他有文采，体贴入微，是女人心目中完美的男子。小周为人热情，帮胡兰成洗衣煮茶，无论何时，总能看到他们形影不离，携手度过一个又

第六章

曾经沧海：再见，再也不见

一个黄昏。

小周出身寒微，家境贫苦，父亲病死，母亲是妾，家中还有弟弟妹妹。仅几天的工夫，胡兰成对她吐出了"爱"字。见她不肯回答，他再三追问，小周被逼不过，将心里的话说出来，是的，她是爱着他的。可是，她实在年轻，他大了她足足二十二岁，她怕，怕人言可畏，她不能答应。

报社副社长沈启无知道了这事，更知胡兰成早已成婚，便趁小周上街的工夫，告诉小周他已成婚的消息，希望她能远离这个男人。他说："胡兰成一生砍了无数桃树，你却明着眼去等着挨他一刀，岂不是得不偿失。"

妾室是小周心中巨大的阴影，母亲已是妾，她又如何能再做妾？她拒绝了胡兰成，拒绝得很干脆。

不知谁多嘴，沈启无一番好心的话，竟传到了胡兰成耳朵里。他跑去指责沈启无的不是："如此龌龊的话你也说得出，枉你还是副社长。"胡兰成实在气不过，临了又加上了一句："真无耻！"

转身他向小周承认了有妻子的事实，他就是爱着她，又有什么办法？她原是不答应的，奈何这男人甜言蜜语，百般恩宠，又拿出钱来供她贴补家用。一个情窦初开的少女，何时见过这番柔情，更何况她也是爱着他的，现实终究难抵春心。过了几日，小周给胡兰成送去一张照片，他希望小周在后面题字，作为纪念。小周想了想，写下一首他教过的诗："春江水沉沉，上有双竹林。

生命有它的图案

竹叶坏水色，郎亦坏人心。"

遇到张爱玲时，他爱得那样热烈、大胆，不顾一切，让爱玲以为，她是他心中最好的，唯一的。遇到小周，他连妻子都不顾了，小周又会怎样想？她怕也是那个唯一，最好的了吧。既然如此，又如何能辜负一段至美绝恋？没几日，她醉倒在他编织的"谎言"里，二人双双坠入爱河，堂而皇之地同居了。

她不再怕流言蜚语，指指点点，也不怕做妾了，这世间，没有什么比男欢女爱的日子更美好了。当然，他也什么都不怕，甚至把这件事写信告诉妻子张爱玲。他知道，爱玲是不在乎的，她恨不得天下女子都倾慕他。

世事无常，人生苦短，当下生活理应珍惜。一个十六岁的花季少女懂什么，她以为做个妾室是成全了爱情，自己也找到了一位仁人君子，只要他在，她什么都不怕。胡兰成与小周，活在恬淡安逸、岁月静好的幸福里。远在上海的爱玲，却夜夜孤枕难安，形单影只，相思成疾。在等不到他的日子里，她在纸上落寞地写下："听到一些事，明明不相干的，也会在心中拐好几个弯想到你。"

张爱玲说，一个男人离开六个月便靠不住，那么胡兰成呢？他与小周从相识到相知，再到相爱，不过短短一两个月的时间。她留下的温度还没散去，他早已寂寞难耐了。自古"窈窕淑女，君子好逑"，这是本性啊，胡兰成甚得意。

可是，责任是什么？他这个风筝尽管飞得再远再高，始终不

第六章

曾经沧海：再见，再也不见

能忘记还有一根线。她在牵着他，念着他。因是什么，果是什么？

不过是，张爱玲当初在爱里，伤了那位叫英娣的女子；如今，这位小周，怕是要伤她了。

"懂事",是对自己最大的残忍

因为懂得,所以慈悲;因为懂事,所以忍耐。有些事,不是不明白,不是看不透,只是还没准备好如何去面对。与其针锋相对,不如不提也罢。假如不提就能像时间一样无声地流过,那么这世间,便再无坎坷与痛苦了。

可越不提,越痛,不是吗?张爱玲思念胡兰成的夜晚,也幻想过,他那边到底是一番怎样的景象。那位叫小周的女子,生得是否花容月貌,她是否也能与他谈诗词歌赋,对酒当歌?不得知,也不能问,一颗心只能半悬着,盼着那时光再快些吧,说不定他们就散了。

1945年春节,胡兰成没有回上海,而是留在武汉陪小周过年。他写信告诉爱玲,事务繁忙,无法脱身,只好留在武汉,临了还不忘嘱托几句,写一两句相思话语。不用想也知道,胡兰成的一

第六章

曾经沧海：再见，再也不见

纸书信，不过推脱之语，他是舍不得新欢，又忘不了旧人。

除夕夜，是爱玲和姑姑过的。纵然身边没有他的陪伴，和姑姑在一起，也不至于太过落寞。只是烟花璀璨的夜晚，她一人端着红茶杯，又何尝不想与他分享这烟花美景？曾经她不在乎他有诸多女人，甚至恨不得全天下的女子都喜欢他，那不过是她深知他心中只有她，女人再多又怎样，不过逢场作戏，她要的是在他心中独一无二的位置。

这个年，爱玲隐约明白，他变了。他心里不止有她，还多了一位女子，她叫小周。他们在这大好光景里，成双成对，恩恩爱爱。在她与小周之间，她感觉自己在他心中的分量，轻了。

除夕之夜，胡兰成和小周仿佛新婚之夜，无限浓情蜜意。只是这情，来得快，去得亦快。欢愉过后，小周还能留下什么？她无名无分，连妾室也不算，真能跟这个叫胡兰成的男人过一生？她年纪虽不大，但不是不懂，也不能不考虑将来，只是那时，她又该花落谁家？胡兰成自知时局不稳，不会待在武汉一辈子，也不甘心待一辈子。负了小周，心中很是惭愧，倘若要离别，他也实属无奈啊。

这离别来得真快，3月，胡兰成便要去一次上海，虽说小别，却是两人第一次分开，难免依依不舍。小周心里是没底的，尽管山盟海誓是假，她也总渴望他能说点什么。送别时，小周淡淡微笑，却又故意把话说得决绝："该回去看看张小姐了，你此去不必再来的。待你走后，我自是要嫁人的。"

　　负气之言，胡兰成自然不信，只当她撒娇闹情绪。她那一番激人的话，最终也没能换来他的承诺。他从小周这里走了，对于爱玲来说，是他回来了。这对久别重逢的夫妻哪里还顾得了小周，自然恩爱如初。在小周面前，他是那样大，事事都以他为重。见了爱玲，她竟是那样大，他常常被她的气场压倒。他又燃起了斗志，要与她争斗一番，只有她才配与他棋逢对手。

　　张爱玲和胡兰成诉完相思之苦，也冷静了下来。她是多么想假装懂事，但还是问了，问得轻描淡写，假装不在意。她问小周小姐什么样，胡兰成一阵慌乱，忙解释说："一件蓝布长衫穿在她身上也非常干净相。"她笑："头发烫了没有？"他弱弱地说："没烫，不过有点……朝里弯。"说完，用手指比画了一下。

　　她不能再问了，再问下去怕是要疯了。她忍着他的一切，只因为心中还爱着他，不想捅破窗户纸，搞得什么都没了。可对于胡兰成来说，看爱玲不哭不闹如此淡定，只觉得她太过无情。她拿他当什么？竟是这样毫不在乎。后来，张爱玲在《双声》里写道："随便什么女人，男人稍微提到，说声好，听着总有点儿难过，不能每一趟都发脾气。而且发惯了脾气，他什么都不对你说了，就说不相干的，也存着戒心，弄得没有可谈的了。我想还是忍着的好。脾气越是纵容越大。忍忍就好了。"

　　胡兰成在上海待了月余，张爱玲对他依然如初。她绝口不提

第六章

曾经沧海：再见，再也不见

小周，仿佛这件事已经过去了。可她，还是不甘心，也想扳回一局。张爱玲无意中说起，姑姑工作的洋行里有一位外国人看上了她，希望同她发生关系，这样每月可以给她们些钱贴补家用。张爱玲还说，她们姑侄俩没有什么祖产可租可卖，只靠写作赚钱怕是要入不敷出了。

胡兰成听完大为光火，冲她发了一通脾气，她静静地看着，什么也不说，只觉得他心里还是在乎她的。张爱玲委屈过，自他们结婚后，他只给过她一次钱，逃难这些时日，是爱玲的剧本稿费在养着他，当然还有小周。她尽管委屈，还是不愿把话说得明白，只希望他能懂。

只可惜，胡兰成不懂，气过之后，还是与爱玲百般恩爱。但这个男人，自始至终都不是爱玲一个人的男人，他回到武汉，心里念的宠的，都是他的小情人。他再次回到武汉，在那里度过了最后几个月。时局越发不稳，每一天都过得战战兢兢，胡兰成和小周不知哪一天就会离别，所以在一起的一分一秒都如此珍惜。

小周不再计较名分，只想守护好与他在一起的最后一段岁月。那时，他不再叫她小周，而是叫她训德。胡兰成在《今生今世》里写道："忽一日，两人正在房里，飞机就在相距不过千步的凤凰山上俯冲下来，用机关枪扫射，掠过医院屋顶，向江面而去。我与训德避到后间厨房里，望着房门口阶沿，好像乱兵杀人或洪水大至，又一阵机关枪响，飞机的翅膀险不把屋顶都带翻了，说

生命有它的图案

时迟，那时快，训德将我又一把拖进灶间堆柴处，以身翼蔽我……"

小周以命相护的男人，如若知道他后来数不清的风流韵事，不知会做何感想。好在那时，通信不够发达，他走后，自是茫茫天涯路，相见不如怀念了。曾经那点滴恩情，足以让她怀念一生，纵是后来嫁了平凡男子，世间又有几人能抵得过胡兰成？

与君相识误终身，骗得一世，胜得过骗女人一时。张爱玲后来清醒了，他没能骗她一世，可她的清醒是付出了怎样的代价，怕是只有张爱玲自己知道了。

8 月 15 日，日本无条件投降，胡兰成怂恿二十九军军长邹平凡宣布武汉独立。可大势已去，做再多努力也不过是垂死挣扎，十三天后，他们失败了。

胜者为王，败者为寇。失败的胡兰成如丧家之犬，只能再次找机会逃跑。为了不耽误行程，他必须留下小周。他们的爱情，是你情我愿，如今别离，也没什么好说的，谁又要对谁负责呢？临走前，胡兰成对小周说："我不带你走，是不愿你陪我也受苦，此去我要改姓换名……我与你相约，我必志气如平时，你也要当心身体，不可哭坏了。你的笑非常美，要为我保持，到将来再见时，你仍像今天的美目流盼……"

这次离别，他到底是给了她一个希望，让她今生有了盼头。不知小周后来命运怎样，只是她这样被抛弃，难免命运凄凉。胡兰成给小周留下一些金银首饰，让她暂时安稳度日，以待来日他"大

第六章

曾经沧海：再见，再也不见

成之时"两人再相见。

　　她隐泪含笑，与他挥手告别。此去千万里，归来不知期，纵是望尽天涯路，花落人亡再不知。在爱情里，小周也做了一位懂事的女子，她不哭，不闹，什么都不要，只盼他一世安好。她岂是没忍过呢？他有太太，他不能给她名分，他抛下了她……算了，说什么都晚了，是她甘愿喝下他亲手酿造的毒酒，本以为他们一同饮下，只是她不知道，自始至终他都没有喝过一口酒。不知何时，他早已将那杯中酒换成了白开水，他饮得开心，醉得潇洒，逢场作戏而已。小周是真醉了，醉倒在他酿造的梦里，只愿她一世不醒，不醒到底是能开心的，是能笑着的。

范秀美，范先生

　　错爱一人不可怕，可怕的是一直错爱下去。我们常说，交给时间，好像时间就能解决一切。是的，时间能冲散胡兰成和周训德，可时间无法改变一个人的秉性。时间不能解决问题，时间只是淡化了伤口。对于胡兰成来说，他这一生不寂寞，小周没了，会有小李小王，还会有范先生。

　　逃亡的路，是那样艰难。汉口堵死，任何人进出都查得滴水不漏，胡兰成想要逃出去，比登天还难。犯愁时，他瞅见一艘运送伤兵的船去南京，第二日一早，他在两个日本人的保护下顺利上船，逃到了南京。接着又由日本宪兵护送辗转到了上海。刚一落脚，胡兰成便给张爱玲写信，告知他已到上海，等安全时自会相见。

　　胡兰成已是穷途末路，可他仍记得对小周的誓言，志气未减。

第六章

曾经沧海：再见，再也不见

他说："我不过是一败。天地之间有成有败，长江之水送行舟，从来送胜者亦送败者。胜者的欢哗果然如流水洋洋，而败者的谦逊亦使江山皆静。"好气度，好智慧，可他到底是不被历史原谅的。一个卖国求荣的人，无论有着怎样的气度和智慧，从根儿上已错，便是步步错了。今已大败，难道不该幡然悔悟，迷途知返，怎竟欣赏起自己的气度来？

日军中，有人劝他逃往日本，等风头过去再回来也不迟。胡兰成不愿意，只想在中国暂避风头。他可以隐姓埋名，可以逃到乡野农村，等时局稳定，再做打算也不迟。可那暗无天日的躲藏实在让他心烦意乱，他偷偷给侄女青芸写信，让她把他接到张爱玲处。就这样，他们见了面，算是有了告别的机会。

一到爱玲的爱丁顿公寓，胡兰成便提及逃往日本的事。张爱玲听了，跟他说起曾外祖父李鸿章的故事。李鸿章曾代表清廷与日本签订《马关条约》，成为他一生的耻辱，他曾发誓"终身不复履日地"。1896 年，清廷又派他赴俄签订《中俄条约》，要在日本换船。日方早在岸上准备好了住所，可他拒不上岸，宁可夜宿船中。次日换乘的船准备好，需用小船衔接，他一听说小船是日本船，再次不肯登船。接待人员无奈，只好在两船中间搭建桥梁，他才顺利登船。家国天下，莫做那令自己悔恨的事，张爱玲意有所指，胡兰成自然明白，只是他听完，默不作声，张爱玲也不好再说什么了。

生命有它的图案

难得见上一面，竟以不愉快收场。那夜，他们二人中间仿佛隔了银河，明明记挂着河岸对面的人，却怎么也亲近不起来。打了胜仗，爱玲是欢喜的，可这样的欢喜把胡兰成逼上了绝境。她希望他不要一意孤行，但他早有主意，好言相劝是没用的了。

第二天，胡兰成在侄女青芸的丈夫沈凤林的陪同下，离开上海，到浙江的同事姐姐家避难。没多久，重庆"国民政府"公布并实施了《处置汉奸条例草案》，随即"汪伪政府"大小一万多名汉奸被抓。在当局公布的名单上，胡兰成也被列入此中，于是他开始了新的逃亡之路。

胡兰成到了杭州、绍兴，辗转来到诸暨，住在斯颂德家。这位斯颂德早已去世，他此次投奔，是为着深谙世事的大太太袁君而来。胡兰成和斯颂德是中学读书时的好友，后来一同进入光华大学读中文系。斯颂德早年加入共产党，被抓后在重刑下无奈写了悔过书，出狱后被开除了党籍。此事对他造成太大心理阴影，是胡兰成将他送到上海疯人院，并花费钱财和精力照顾，直到他在疯人院死去。十几年前，胡兰成来斯家住过，斯颂德的母亲待他不错，斯家庶母范秀美，他也认识。这位范秀美，大胡兰成两岁，曾为斯家老爷生有一女，他称她为范先生。

斯家是当地大户，人多嘴杂，胡兰成住着总是不放心，躲来藏去，袁君想起温州范秀美娘家来。于是，袁君与范秀美商量，希望她能带胡兰成去温州，范秀美立即应承了下来。

第六章

曾经沧海：再见，再也不见

此去温州，又是一段长远的路程。两人在路上讲起了彼此的故事，胡兰成不瞒她，曾经的风流韵事一件件道来，甚为得意。范秀美对他是倾慕的，风流才子，巧言善辩，如何能不喜欢。在寂寞难耐逃亡的日子里，胡兰成又动了爱慕之心。他在《今生今世》里写道："我与她很少交言，但她也留意到我在客房里，待客之礼可有哪些不周全。有时我见她去畈里回来，在灶间隔壁的起坐间，移过一把小竹椅坐一回，粗布短衫长裤，那样沉静，竟是一种风流。我什么思想都不起，只是分明觉得有她这个人。"

在温州，胡兰成改了名字，叫张嘉仪。他没叫张招，也没叫张牵，张爱玲却遵守诺言，从上海赶到温州来看他。他招着她，牵着她，纵是山高水远，还是风尘仆仆，千里迢迢地来了。她突如其来，他猝不及防，她看到他狼狈不堪，住在柴棚，是那样心疼；他看到她来，像是犯了错事，甚至有些恼恨，斥责她："你来做什么？还不快回去！"

"我从诸暨丽水来，路上想着这里是你走过的。及在船上望得见温州城了，想你就在那里，这温州城就像含有宝珠在放光。"这是张爱玲说的话，听上去情真意切，知道真相的我们，却心痛难当。话已至此，胡兰成还能说什么，只能不住地说起她往日的好来。

胡兰成将张爱玲安排在公园旁的一家旅馆住下，白天他去陪爱玲，夜里怕警察查夜，便悄悄回去。胡兰成爱着她，十分珍惜

生命有它的图案

与爱玲在一起的时光。"有时晚饭后灯下两人好玩,挨得很近,脸对脸看着。她的脸好像一朵开得满满的花,又好像一轮圆得满满的月亮……这样无保留的开心,眼睛里都是满满的笑意。"

哪里是日子长长的,分明是这个女人宽容大度,只要他需要,她随时都在。相反,那露水情缘,说散就散,反而令胡兰成难安起来,直觉日子短。张爱玲很珍惜这段时光,对范秀美也很客气,她感谢她一路护送胡兰成,夸她长得美。有一日,爱玲望着范秀美,要为她作画,胡兰成站在一旁,看她勾了脸庞,画出眉眼鼻子,正要画嘴角时,她突然停笔不画了。

范秀美走后,胡兰成追问原因,张爱玲有点生气:"我画着画着,只觉她的眉眼神情,她的嘴,越来越像你,心里好一惊动,一阵难受,就再也画不下去了,你还只管问我为何画不下去!"女人的第六感向来准确,爱玲不得不怀疑,是怎样的"友情"才会生出"夫妻相"?他不是爱上了小周,也不是爱上了她,他只是——爱世间所有女子。

张爱玲在温州的那段时间,胡兰成通过报纸看到小周因他被捕的消息。胡兰成为了把小周救出来,想去警察局自首。

张爱玲因为胡兰成汉奸的罪名,名誉受损,差点出意外。如今,她千里迢迢赶来,他告诉她,他要舍命去救小周。张爱玲让胡兰成在她与小周之间做选择,胡兰成只说:"我待你,天上地上,无有得比较,若选择,不但于你是委屈,亦对不起小周。人世迢

第六章

曾经沧海：再见，再也不见

迢如岁月，但是无嫌猜，按不上取舍的话。"

话已出口，怎么都要有个答复。张爱玲追问："你与我结婚时，婚帖上写现世安稳，你不给我安稳？"胡兰成无奈，只道世道纷乱，明日之事不可测，谁又能许谁安稳呢？

终于捅破窗户纸，她再没留下来的必要。次日，张爱玲收拾行囊，带着绝望的心，离开了温州。胡兰成为她送行，两人肩并肩，却再不是往日模样，如同最熟悉的陌生人。张爱珍临行前跟胡兰成说："你是到底不肯。我想过，我倘使不得不离开你，亦不致寻短见，亦不能再爱别人，我将只是萎谢了。"

张爱玲只是爱错了人，但不会傻到错爱一生。她割破了他编织的情网，挣脱出来后才发现，那一刀刀分明是割在了她的心上。还是那位叫小周的傻姑娘好，她怕是还在等这位薄情的男人回去，等他再许她半世安稳。

救命之恩，以身相许

"救命之恩，以身相许"，这句话多数出自女子之口。是那好心肠的男子救了命，倾之，恋之，慕之，只好嫁给他。可是，当这句话出于男子之口，又该是一番怎样的景象与心理呢？这是为了想要迎娶她吧，可又不想说得那样霸道，于是，只好"以身相许"了。

古人言，生死事小，失节事大。乱世里的人，过着有今天没明天的生活，唯有安于当下，享受当下，才是他们的最佳选择。张爱玲一直记得香港沦陷后的人们是如何放纵情欲、食欲等一切欲望。所以，胡兰成和范秀美在一起后，也时常想，如果范秀美生在太平盛世，会与胡兰成结婚吗？

逃亡之路漫长而不安定，胡兰成见一路无人猜忌他的身份，不禁和范秀美欣赏起江南的景色来。他给她讲述过往情史，她便静静地听。"两人每下车走一段路时，我就把我小时候的事，及

第六章

曾经沧海：再见，再也不见

大起来走四方，与玉凤爱玲小周的事，一桩一桩说与范先生听，而我的身世亦正好比眼前的迢迢天涯，长亭短亭无际极。"

胡兰成就是这样有魅力，他大方地跟女人讲花边韵事，是那样风流，是那样不负责任，可范秀美还是嫁给了他。"十二月八日到丽水，我们遂结为夫妇之好。这在我是因感激，男女感激，至终是惟有以身相许。"因为感激，又无从报答，唯有以身相许。胡兰成说得理所当然，说得冠冕堂皇，又得说不负责任。他明明背叛了张爱玲，却还要给自己找一个不得已的理由，如若爱玲计较，怕是不体谅他的难处，不懂事了。

他卖国毫无悔意，辜负无数佳人亦不觉得有愧，大成时欢哗如流水洋洋，佳人离去又谦逊江山皆静。他对待仕途和佳人皆是如此。他永远有理由，有借口，有自己的不得已，却从不思量别人的不得已，置他人生死于不顾。当他和范秀美过起恩爱小日子时，不知道他有没有想过爱玲，想过痴痴等他回去的小周。当然，胡兰成仓促结婚，他的用意十分了然，可他不愿遭世人误解，又岂能不对外解释一番？他在《今生今世》里写道："我在忧患惊险中，与秀美结为夫妇，不是没有利用之意，要利用人，可见我不老实。但我每利用人，必定弄假成真，一分情还他两分，忠实与机智为一，要说这是我的不纯，我亦难辩。"逃亡路上，命都不保，不知这情如何还她两分。只知，胡兰成确实机智，无论何时都能赢得佳人倾慕，相伴相随。

生命有它的图案

张爱玲彻底转醒，昨日那场倾城之恋，不过是她一人入了戏。她绝望地走了，带着满身伤痕，将她的深情、她的依恋，葬于滔滔江浪之中。回到上海，她给胡兰成写信："那天船将开时，你回岸上去了。我一人雨中撑伞在船舷边，对着滔滔黄浪，伫立涕泣久之。"人情冷暖，早已看透，为了这个薄情的男人，她还是哭了。她的眼泪，是那鲜嫩娇艳的花中水分，一旦流失，只得萎谢。

胡兰成读罢信件，并无感伤，依旧和范秀美过着恩爱日子。他的日子，佳人相伴，那独身一人的相思之苦，他是永远都体会不到的。他不要相思，不要空窗，纵是逃亡，也要风流一番。

1946 年 4 月，忽有一日，范秀美家门口有兵张望，胡兰成深知此处不可再藏身，便从温州回到诸暨斯家。范秀美是斯家庶母，介于这样的身份，胡兰成和她在这个家里也只能保持距离。有些事，不用明说，那微妙的关系，旁人是看得出来的。他和范秀美的事，大太太袁君看得出来，只是他们不说，袁君也不好说什么。偏巧范秀美在这个家里怀孕了，为保斯家颜面，孩子肯定不能生下来，胡兰成只好借故让她独自去上海就医。

胡兰成写信给侄女青芸，让她帮助打点范秀美的一切事务。范秀美被安排住在一家旅馆里，随后又去了医院，结果手术费需要一百元。两人无法应付，范秀美只好拿出胡兰成写给张爱玲的纸条，让她想办法。

张爱玲离开温州后，已将全稿费寄给胡兰成。当下，她没有

第六章

曾经沧海：再见，再也不见

什么积蓄，出了这样的事，她也只能尽力帮他。张爱玲看完纸条，什么也没说，转身回屋，取出一只金镯子，递给青芸："当掉吧，给范先生做手术。"

什么都没了，那朵枯萎的花头也被人生生摘下，只留下一株干枝。之前，她只是绝望，只是流干了眼泪；如今，是心死如枯木。到底是怎样的男人，能开口向妻子要钱，给别的女人做手术？可能这就是无情吧，她永远不哭不闹，让胡兰成觉得她无忧无悲，纵使出了这样的事，都是冷漠的。

可他并不知道，那冷漠背后，是绝望，是心如死灰。他一次次伤害她，他都不知道，还乐得自在、逍遥、得意。罢了，张爱玲累了，就算能应付范先生，未来还不知道有多少个先生在等着。

张爱玲心已成殇，无数个夜晚，不知是怎样度过的。住在斯家的胡兰成，倒是内心平静安稳，写起了他那本《武汉记》。这本书记录了胡兰成在武汉居住时所发生的事。全书共五十万字，中间用大篇幅内容写了他和小周之间的故事，以及他政治仕途上的事。这本书写了八个月，那段时间，他一直躲在斯家楼上。书籍写完，住在别人家中始终不是长久之计，他开始考虑自己的安身之处。想来温州检查户口风波已过，于是决定再返回温州。这次，他独身一人从诸暨出发，转道去了上海，与张爱玲再次相见。

人还是那个人，心却再不是那颗心。他为她匆匆赶来，以为一句"我回来了"，他高傲的妻便会将头低落尘埃。不会了，爱

生命有它的图案

散了，爱着的人也就走散了。他"以身相许"于别人那刻起，就再不是她朝思夕想的夫。只可惜，她的决绝他不懂，只将无情、冷漠、无怜悯等字眼丢给她，好为他一生情事做辩解。看吧，看吧，不是我风流，明明是张爱玲太过无情，我还是爱着她的呀，她竟然走得这样决绝。

缘尽于斯，事已至此，还有什么好解释的？散了，就断了，就这样吧。

第六章

曾经沧海：再见，再也不见

我将只是萎谢了

天下无不散宴席，有些人离去，再难过也能学会挥手告别；有些人一旦离开，就仿佛自己也跟着去了。明知人生旅途，总有人半路下车，可那心偏就跟着走了。此后，留在人生路上的，不过行尸走肉，一副躯体罢了。

爱丁顿公寓里，胡兰成还是往日的胡兰成，面对发妻，很想百般娇宠。张爱玲再看胡兰成，却恍如隔世。她什么也不说，与他安静地并坐于灯下。眼前的人，她曾经日盼夜盼，今终于归来，她却早已心如死灰。胡兰成再次向她坦白，把他与范秀美的事告诉了她，她听完还是沉默不语。胡兰成只好问她可曾看了《武汉记》，她淡淡地回："看不下去了。"

不是张爱玲无情，任谁也看不下去丈夫与别的女人的情事。他或许以为，她会夸他的才情，再次恨不得全天下的女人都爱他。

生命有它的图案

今非昔比，她还是当初的张爱玲，怕他再不是当初的胡兰成了。

胡兰成见她如此冷漠，竟发起脾气来。埋怨她在温州时做事不周，埋怨她做人冷漠无情。胡兰成如同垂死挣扎的野兽，只希望她能再看他一眼，关心他一点儿。她只是回："我是招待不来人的，你本来也原谅，但我亦不以为有哪桩事是错了。"

那一夜，张爱玲和胡兰成分房而睡。第二天一早天还未亮，胡兰成去了张爱玲的卧房，他俯下身来去亲她，她从被窝里伸出双臂抱住他，忽然泪流满面，叫了一声"兰成！"像是诀别，却分明是依依不舍。胡兰成在《今生今世》中说："这是人生的掷地亦作金石声。我心里震动，但仍不去想别的。"不是他不去想，是他不敢想，他已知道她心如死灰，只是他还未能接受她的离开。

他走了，去了温州。如同往常一样，他们只是告别，从不肯说诀别的话。有些事，好像不说就永远都不会发生。胡兰成尽量不去想张爱玲的事，刚回到温州，就一门心思地结识刘景晨。刘景晨把他介绍进温州中学教书，算是彻底摆脱了逃亡之路。刚刚安定下来的胡兰成，并不满足于此，想着日后定要有一番作为，经过这一劫，他再次归零，旧日关系是没有了。为此，他必须重新结识新人，于是又写信给梁漱溟先生，与他交流学问。

这期间，他开始写《山河岁月》，写着写着竟觉得像是张爱玲之笔。这本书本是张爱玲给他的灵感，言语又那么像她，她的好再次浮现出来。他迫不及待地给张爱玲写信，告诉她关于《山

第六章

曾经沧海：再见，再也不见

河岁月》这本书，告诉她自己在温州已脱险，一切又恢复如往常。

他频频去信，她却很少回信，胡兰成这才感觉到，有些事可能真的回不去了。又一次去信，爱玲回信说："我觉得要渐渐地不认识你了。"

1947 年 6 月 10 日，张爱玲终究寄来了一封信。胡兰成拆开信，只看了一句，便已觉得晴天霹雳。张爱玲在信中，做了最后的诀别："我已经不喜欢你了。你是早已不喜欢我了的。这次的决心，我是经过一年半的长时间考虑的，彼时唯以小吉故，不欲增加你的困难。你不要来寻我，即写信来，我亦是不看的了。"

小吉，是小劫的隐语。张爱玲即使分手，也要等胡兰成安下来，灾难过去，她对他已做到慈悲。在信里，张爱玲还给了胡兰成三十万元，这是她新写的电影剧本稿费，一部《不了情》、一部《太太万岁》的全部稿酬。近几年，胡兰成四处逃亡，一直是张爱玲不间断地给他寄钱，这一次，是最多的一次，也是最后一次。

此信一出，胡兰成再没有回头的机会。她给过他无数次机会，是他不肯抓住。想来，胡兰成是宁可不要机会，也要美人相伴的吧。胡兰成呆坐半晌，心境复杂得连自己都不明白了，不过，他明白张爱玲一旦做出决定，任谁也无法改变。他深知不能再给她去信，只好写信给炎樱，在信中转达了对张爱玲的心意："爱玲是美貌佳人红灯坐，而你如映在她窗纸上的梅花，我今惟托梅花以陈辞。佛经里有阿修罗，采四天下花，于海酿酒不成，我有时亦如此惊

生命有它的图案

怅自失。又《聊斋》里香玉泫然曰：'妾昔花之神，故凝，今是花之魂，故虚，君日以一杯水灌其根株，妾当得活，明年此时抱君恩。'年来我变得不像往常，亦惟冀爱玲日以一杯灌其根株耳，然又如何可言耶？"

炎樱没有回信，张爱玲也不会再心软，这段情缘，终是这样散了。她的生命里，从此再没有那个叫胡兰成的男人，关于他的一切，怕是不想再多问、多听。后来，有人责备胡兰成对张爱玲太过无情，胡兰成却辩解说："我待爱玲，如我自己，宁可克己，倒是要多顾顾小周与秀美。"胡兰成明明负心，却还要强词夺理，哪是张爱玲孤傲无情，明明是他多情到无情。

张爱玲走了，胡兰成想起了他的另外一位发妻范秀美来。她离开斯家，在临安蚕种场种桑养蚕。胡兰成跟她说，等时局安稳，他们便办喜酒，要夫妻共白头。经历了种种坎坷，范秀美幡然醒悟，只道他有小周和张小姐，她宁可在杭州吃斋念佛，若他能常常去看她，便是他做人不薄情了。

胡兰成哪里听得冠冕堂皇的话，只觉得讨厌这样老太婆的语气，两个正当年的中年人，如何能不春花秋月，携手度余生呢？只可惜，假戏真做，也是假戏，范秀美到底是看透了他，再也不肯沉浸在他的甜言蜜语里了。

后来的胡兰成，辗转流离，依旧不改性情。他先后去了北京、日本，几年后，又与上海大流氓吴四宝的遗孀佘爱珍结婚。之前

第六章

曾经沧海：再见，再也不见

的种种过往，都蒙了灰尘，只留下历史的印记，却再不会为此激起任何涟漪。

当然，胡兰成不甘心，又去爱丁顿公寓找张爱玲，开门的却是一个陌生人。又过了许多年，他听说了张爱玲的地址，立即将出版的《山河岁月》和《今生今世》寄去，顺便附带一封长信，写尽缠绵相思之语。张爱玲说过，她离开他，亦不至于寻短见，将只是萎谢了。他的一厢情愿，只换回张爱玲的拒绝："兰成，你的信你的书都收到了，非常感谢。我不想写信，请你原谅。我因为实在无法找到你的旧著作参考，所以冒失地向你借，如果使你误会，我是真的觉得抱歉。《今生今世》下卷出版的时候，你若是不感到不快，请寄一本给我。我在这里预先道谢，不另写信了。"

遇到他，她盛开过，离开他，她此生萎谢；遇到她，满心欢喜地惊着了，她离开，自然有新的女人令他惊奇。言尽于此，说什么都是多余，唯有彼此尊重，才能保留住最后的尊严。提到张爱玲，胡兰成只能无奈："爱玲是我的不是我的，也都一样，有她在世上就好。"好吗？其实爱玲无所谓了。她不像胡兰成解释来解释去，生怕别人误会他。张爱玲一个转身，依然将过往尘封，她能做的不是解释，而是在晚年打开它，陈述那段伤心过往。

这不过是一段往事，一个可以被记录的故事，至于故事里的人，应该与他道声珍重，掩上书卷——世间再无胡兰成。

第七章

华丽转身：生命是一袭华美的袍

华丽转身：生命是一袭华美的袍

被迫站在风口浪尖

往事随风，那段倾城过往，总算是翻过去了。此后，山河岁月，光影流年，都与他不再相关。再难的路，也要一个人走；再大的事，都要一个人去扛。纵是被千万人唾骂，都是可以承受的，唯有那一人之伤，却要为此付出一生的代价。

这分手伤口还未恢复，新伤旧恨便又一起来了。胡兰成，这个被历史记载的男人，永远有一个被人唾骂的名号：汉奸。这个罪名，是他自作自受，可作为他的妻，张爱玲却被无辜殃及。

早在胡兰成榜上有名，四处逃亡时，张爱玲就被千万人唾骂过。那时，上海掀起了"举国检举讨伐汉奸"活动，张爱玲作为胡兰成的妻子，也被第一时间揪了出来。在报纸上，她被说成"海上文妖""汉奸之妾"，作品也因此被贬低得一文不值。这些声音，她一人默默忍受，从来不为自己辩解。她不想说什么，越说越错，

生命有它的图案

假如激起更大民愤，更是将胡兰成置于水火之中。

在出版的《女汉奸丑史》上，张爱玲也榜上有名，她被迫和李香兰、陈璧君、莫国康、佘爱珍等相提并论，甚至有"无耻之尤张爱玲愿为汉奸妾"这样的咒骂。无辜被人千夫指，这都不算什么。她爱他，有一股精神力量支撑着她，就算为他承担再多，她都认为值得。

那时，苏青因写文章，也曾在日伪的《天地》《古今》《新中国报》等报刊发表，一度被扣上"汉奸"的帽子。她快人快语，经常跳出来为自己辩解："是的，我在上海沦陷期间卖过文，但那是我'适逢其时'，亦'不得已'耳，不是故意选定的这个黄道吉期才动笔的。我没有高喊打倒什么帝国主义，那是我怕进宪兵队受苦刑，而且即使无甚危险，我也向来不大高兴喊口号的。我以为我的问题不在卖文不卖文，而在于所卖的文是否危害民国的。否则正如米商也卖过米，黄包车夫也拉过任何客人一般，假如国家不否认我们在沦陷区的人民也尚有苟延残喘的权利的话，我就是如此苟延残喘下来了，心中并无愧怍。"

现在抗战胜利，民众再一次热血沸腾了，更想要对卖国汉奸进行严厉声讨。报纸上对漏网的汉奸进行点名，要求政府严惩不贷。张爱玲作为胡兰成的妻子，又一次被迫站在风口浪尖。

张爱玲除了卖文章，并没做过卖国之事，可她身为胡兰成的妻子，没人相信她是无辜的。昔日的成就，让她名声大噪，如今

第七章

华丽转身：生命是一袭华美的袍

兴师问罪就更容易了。胡兰成逃脱抓捕，张爱玲难道没有包庇之罪？总之，因为这个男人，她是如何解释，也无法洗清冤屈了。

曾经的上海传奇张爱玲，一时间身败名裂，她再无法写任何文字，只能沉默在家，独自舔舐伤口。柯灵在《遥寄张爱玲》中，说到那时的张爱玲："内外交困的精神综合征，感情上的悲剧，创作繁荣陡地萎缩，大片的空白忽然出现，就像放电影断了片。"是啊，内外都遭受创伤，创作必然萎缩。就算天才犹在，谁又敢要她的稿子呢？

弟弟张子静说："抗战胜利后的一年间，我姊姊在上海文坛可说销声匿迹。以前常常向她约稿的刊物，有的关了门，有的怕沾惹文化汉奸的罪名，也不敢再向她约稿。她本来就不多话，关在家里自我沉潜，于她而言并非难以忍受。不过与胡兰成婚姻的不确定，可能是她那段时期最深沉的煎熬。"

因为错爱，她承受了太多太多。她快乐过，如今又到了承受痛苦的时刻。那个她拼命想忘记的人，就这样再次被人提起，不管她愿不愿意，今生今世亦是与他有了牵绊，大概会牵绊一生。

张爱玲还是坐不住了，她找到《大家》月刊的龚之方，求他再版《传奇》。龚之方说，"她来命令我"，所以他对张爱玲之命"认真对待"。《传奇》增订本是张爱玲一手策划，里里外外都是她亲自张罗，连印"版权所有，翻印必究"这几个字，都是亲自去印，一共印了三千本。

生命有它的图案

关于《传奇》增订本的出版，龚之方暗自揣测原因：一、张爱玲寄给胡兰成三十万元后，手头不裕；二、重振她在巅峰时期的文坛盛名；三、对小报的攻讦谩骂还以颜色。而第三点，他认为是最重要的。

在《传奇》增订本序言里，她第一次对"汉奸"罪名做出了解释："我自己从来没有想到需要辩白，但最近一年来常常被议论到，似乎被列为文化汉奸之一，自己也弄得莫名其妙。我所写的文章从来没有涉及政治，也没有拿过任何津贴。想想看我惟一的嫌疑要么就是所谓'大东亚文学者大会'第三届曾经叫我参加，报上登出的名单内有我；虽然我写了辞函去，（那封信我还记得，因为很短，但只是：'承聘第三届大东亚文学者大会代表，谨辞。张爱玲谨上。'）报上仍旧没有把名字去掉。

"至于还有许多无稽谩骂，甚而涉及我的私生活，可以辩驳之点本来非常多。而且即使有这种事实，也还牵涉不到我是否有汉奸嫌疑的问题；何况私人的事本来用不着向大众剖白。……但一直这样沉默着，始终没有阐明我的地位，给社会上一个错误的印象，我也觉得对不起关心我的前途的人。所以在小说集重印的时候写了这样一段作为序。"

时过境迁，张爱玲再不是当年的张爱玲，属于她的那段传奇时光，终究是散去了。这次出版，不过是一个交代，她再不能成为万众瞩目的明星。有些人，因一人得道而鸡犬升天；有些人，

第七章

华丽转身：生命是一袭华美的袍

因一人犯错而深受其害。她真正想解释的，并不是关于"汉奸"的罪名，而是想止住他与她的流言蜚语。或许以前，她难过，觉得不甘，如今只想扯清。她不再护他周全，他也不再是她的心上人，纵然痛，可已经散了，不是吗？

那么，舐舐伤口就好了，至于其他，时间总会把她推向遗忘。她是无情了，也只有无情，才不会让他再有伤害自己的机会。

再遇知音

如果说，张爱玲和胡兰成有缘无分，那么另一个人，则是有分无缘。那个人，可能是对的人，但在错误的时间相遇，终不能牵手一生。她想要的现世安稳，不是谁都给得起，所以，她只能摇头，摇头，再摇头——对不起，我们还是不能在一起。

张爱玲的一生，不止遇到胡兰成一个男人。早在《倾城之恋》公演时，就已认识了倾慕她的人，桑弧。桑弧的出现，给了她许多帮助，让她成为风靡上海滩的编剧。桑弧，原名李培林，宁波人，比张爱玲大五岁，性格内向拘谨。他原在银行工作，后来认识了导演朱石麟，开始学习创作电影剧本并获得成功。于是，他干脆辞掉工作，成为专职编剧，写了不下十部电影。后来，又受朱石麟的鼓励，学习做导演。他十分欣赏张爱玲，经柯灵介绍，张爱玲和桑弧才有了后来的合作机会。

第七章

华丽转身：生命是一袭华美的袍

最初，他想说服张爱玲写剧本有些困难，她的小说频频畅销，可写剧本却是她不擅长的。不过，张爱玲喜欢电影，也想尝试一条新的道路。加上她认识胡兰成后，手头一直拮据，赚取稿费也是她必须考虑的要务。他们合作的第一部电影是《不了情》，男主角刘琼、女主角陈燕燕都是红遍上海滩的大明星，强大的阵容让这部电影获得成功。桑弧趁热打铁，随即与张爱玲合作了《太太万岁》。这部电影的演员阵容也十分强大，曾在上海皇后、金城、金都、国际四大影院同时上映，连映两个星期，座无虚席。

电影的成功，让张爱玲的脸上再次有了笑容。她历尽风霜，总算有一件事，是令人欣喜的。桑弧为了电影的事，常常来找张爱玲，他忠厚老实，即使爱慕也将那情愫暗暗藏在心中，只与她谈编剧的事。他有才华，但不擅长讨女人欢心，甜言蜜语更是不会说。他的人品远胜胡兰成，可追求女生到底显得笨拙了些。

张爱玲知道，桑弧是那个能给她安稳的人，可她的心已死，无论如何是再也爱不起来了。他们越走越近，朋友间起哄，小报以讹传讹，人人都信以为真。龚之方不知道她与胡兰成曾有过婚约，代桑弧去提亲，希望她能考虑这桩婚事的可行性。当时张爱玲二十六岁，桑弧三十一岁，她听完龚的提议，不是回答，而是摇头，再摇头，三摇头，意思是不可能的，不要再说下去了。

即使是对的人，她还是拒绝了。她要的不是婚姻，不是一个好人、知音，而是让她愿意付出一生去爱的男人。爱玲说她萎谢

生命有它的图案

了，可事实上，她是爱过他的。在《小团圆》出版后，他们的感情也得到了证实。九莉对燕山说："没有人会像我这样喜欢你的。"她在小说的结尾又写道："但是燕山的事她从来没有懊悔过，因为那时候幸亏有他。"

张爱玲从不轻易说爱，可就是因为爱他，而她又没有完全忘记胡兰成，是断然不肯与他结婚的。在感情上，她敢爱敢恨，可在做人上，她有着自己的底线。她不会刚与胡兰成分手没多久，便再投入别人的怀抱。她在《小团圆》里写："雨声潺潺，像住在溪边。宁愿天天下雨，以为你是因为下雨不来。"这里的你，是燕山，也是桑弧。

因为他的出现，她又开始写小说，《多少恨》便是在那时完成的。而《多少恨》便是根据电影《不了情》的剧本，改写而成的中篇小说。龚之方说，许是那时她已诀别胡兰成，他和桑弧，还有唐大郎去看她时，她心情较为开朗，对朋友态度很热情。她喜欢与人聊天，人多时，也会静静听别人高谈阔论，如果听到好故事，还会哈哈大笑。

在爱玲最绝望时，是桑弧陪着她，点燃了她活下去的希望。只是张爱玲摇头了，从那刻起桑弧就选择了尊重。他不是懦弱，而是懂得她的选择。倘若换了胡兰成，定是要纠缠追求一番，像当初他追求小周一样，死缠烂打。可桑弧不是胡兰成，他的爱更为深沉，更为慎重，他也更能体谅张爱玲的难处。他是真正爱张

华丽转身：生命是一袭华美的袍

爱玲的人，她想要一生一世，他便许她一生一世；她想转身两不相欠，他便默默退出她的世界。

张爱玲和桑弧这段缘分，就这样散了。虽然彼此也曾情深意切，可到底是在错的时间相遇，终究是人生中的遗憾。后来，桑弧结婚了，娶的是圈外女子，日子过得幸福安逸。这才是他本应过的生活，而这样的生活，张爱玲或许根本就给不起。她孤傲、绝世、冷漠，注定要活成传奇，那凡尘烟火，并不适合她。

后来，张爱玲离开上海去了香港，从此他们再没见过。直到1995年，张爱玲去世，许多人写文章怀念张爱玲，唯独桑弧什么也不说。其实，无须说什么，他对她的爱，始终不是为了做给世人看。

张爱玲情感接连受挫，日子也过得非同往昔。她和姑姑搬离了爱丁顿公寓，住进了重华新村二楼十一号，一幢两室一厅的房子。这幢公寓外观不如爱丁顿雄伟，室内也小了很多，显而易见，爱玲和姑姑的经济状况大不如前。这期间，母亲黄逸梵回国，张爱玲又搬到帕克路（今黄河路）的卡尔登公寓（今长江公寓）三〇一室，一幢三室一厅的房子。三人一人一间屋，在那里，张爱玲又开始了新的写作人生。

黄逸梵此次归来，和张爱玲在一起生活了两年，又出国了。她早已不习惯上海纷乱的环境，只希望出国度过余生。临走前，黄逸梵与张爱玲做了长久的交谈，她建议张爱玲离开上海，去香港，因为上海的环境并不适合写作。

生命有它的图案

母亲走了，她还是那个风姿灼灼，自在潇洒的女子，经历几度沧桑，亦要按照自己的心意去活。张子静说："1938年，我姊姊逃出了我父亲的家。1948年，我母亲离开了中国。她们都没有再回头。"张爱玲和黄逸梵，都是往前看的人，她们自然不会回头。就像张爱玲对待爱情，散了就散了，即使再痛，也要勇敢前行。

只是，张爱玲的父亲张志沂的日子越发艰难了。他和孙用蕃两人依旧在烟榻上吸着鸦片，靠变卖房产、典当东西维持鸦片开销。房子越住越小，最后孙用蕃在十四平方米的小屋里离开人世。

家人散了，爱人散了，知音散了，什么都散了。不是她想要散，是她不得不选择走散。每一次散，她都是主动的，每一次诀别，其实她都可以委曲求全。只要留下来，就不会散。与痛苦的相守相比，她更愿意开始新的人生。无论新的人生是否情愿，是否幸福，她都走得坚定、勇敢，从不回头。

她不惋惜那些散，也不会让什么人，什么事，绊住她的手脚。她要开始新的生活，寻找新的可能，只有这能让她好好地活下去。

华丽转身：生命是一袭华美的袍

新文坛成就

　　张爱玲曾说："普通人的一生，再好些也是'桃花扇'，撞破了头，血溅到扇子上。就这上面略加点染成一枝桃花。"胡兰成是那溅在扇子上的血，让她撞得头破血流，写作也曾让张爱玲溅出了血，让她颜面尽失，名誉扫地。

　　历史沉重的一页，终究是翻过去了。一切都是新的，一切又是未知的。那时的上海，有一位叫夏衍的人一直带领着戏剧队伍，上海解放后，他重返上海。在上海，他出任文管会副主席，接管上海市的文化。当战争爆发时，上海十多家小报自动停刊，不少文人和报社老板也相继离开了上海。夏衍回来后，找到龚之方，希望能创办一个为读者提供有益的、多样化的趣味性的报纸。

　　一个月后，《亦报》创刊，接着又重新整改，将之前的《世界晨报》改为《大报》。他们向张爱玲约稿，请她写一部长篇小说连载，

生命有它的图案

张爱玲答应了。不过，她有一个要求——用笔名发表作品。张爱玲历尽千帆，再不是那个毫无经验的小姑娘。胡兰成的事，隐忧一直在她心中，她对一切新事物不敢贸然表态，只想暂避风头。

笔名，防止她再次被撞得头破血流；笔名，用来抵挡伤害，保护自己。世间繁华名利，她享受过；世间风雨，她亦受过百般摧残，如今，她只想过安稳的日子，避免陷入政治旋涡。梁京，是张爱玲的笔名。她学起章回小说家张恨水，边写边刊登。这是她第一次在报纸上连载，小说发表没多久，她再一次受到读者的追捧。

她这次写的小说叫《十八春》，讲述的是一个上海故事，故事从1949年倒溯十八年前开始写起的，所以叫"十八春"。这个故事是横亘抗日战争和解放战争的十八个春天里的小说。全书总共十八章，主线是平民之女顾曼桢与世家子弟沈世钧的爱情故事。

沈世钧和顾曼桢是一对郎才女貌的情侣。随着沈世钧父亲患病去世，他被迫赶去南京，顾曼桢的命运也发生了变化。一向疼惜顾曼桢的姐姐顾曼璐，为了稳住花心的丈夫祝鸿才，设下圈套让他玷污了自己的妹妹。顾曼璐软禁了顾曼桢，直到她生出孩子，稳固她的地位后，才将顾曼桢释放出来。可那时，早已物是人非。

顾曼桢突然失踪，沈世钧急切地向曼璐打听曼桢的下落，曼璐欺骗曼桢已经嫁人，他们之间再无可能。沈世钧绝望了，怀着心灰意冷娶了翠芝，而曼桢自知自己与沈世钧再无可能，在曼璐

第七章

华丽转身：生命是一袭华美的袍

死后，怀着自杀的心嫁给了祝鸿才。

十八年后，沈世钧和顾曼桢再次偶遇，两人相拥痛哭。顾曼桢尤其记得，他们爱情起始的那一刻。"他站得很近，在一刹那，他好像是立在一个美丽深潭的边缘上，有一点心悸，同时心里感到一阵阵荡漾。"十八年过去了，命运已经将他们送往不同的世界。沈世钧希望重新开始，可曼桢说："世钧，我们回不去了。"一句话，读者已潸然泪下，百转千回。往事不堪回首，那无以复加的遗憾，更是令读者感慨万千。

《十八春》连载后，再次风靡上海滩，成为读者最喜欢的小说。当时许多文化名流，对于这部小说也是十分追捧的。作为张爱玲的朋友，桑弧为这部小说写了推荐语："梁京不但具有卓越的才华，他的写作态度的一丝不苟，也是不可多得的。在风格上，他的小说和散文都有他独特的面目。……我读梁京新近所写的《十八春》，仿佛觉得他是在变了。我觉得他的文章比从前来得疏朗，也来得醇厚，但在基本上仍保持原有的明艳的色调。同时，在思想感情上，他也显出比从前沉着而安稳，这是他的可喜的进步。"

这部小说大获成功，甚至超越了张爱玲之前的成就。《亦报》每天都有读者寄信，可谓盛况空前。张爱玲1950年3月连载这部小说，一直到1951年3月结束。11月，《亦报》发行了《十八春》的单行本。1955年，张爱玲赴美后，又把《十八春》的下半部改写，易名为《半生缘》，1966年，在台湾《皇冠》杂志和香港《星岛晚报》

连载，都获得了不错的反响。

不仅《十八春》的故事引人热议，连她的名字，也成了热门话题。大家都在猜测，梁京这个名字有怎样的寓意。有人说"凉"（梁）与"惊"（京），是张爱玲对社会主义新中国的感受。张爱玲对此做了专门的解释，说"梁"与"京"实际上是"玲"的声母和韵母，没有特别的寓意。

小说成功了，真是可喜可贺，她再一次成为万众瞩目的明星，只是这一次，她淡定了很多。即使生活需要改善，也不似从前乘胜追击，急着写一部又一部了。当时上海的知名报人唐大郎看到《十八春》如此火热，希望张爱玲能着手写下一部连载小说，她没有答应。经历了《连环套》事件，她更懂得要爱惜自己的羽毛，而她短时间内再写出超越《十八春》的小说，自然也是不可能的了。

半年后，张爱玲在《亦报》上连载《小艾》，随着时势改变，她的主题和风格也做了调整，只是这部小说反响一般，最后只好匆匆收笔。回首半生，她成功过，亦失败过，对待成功与失败，她早已学会泰然处之。令张爱玲不安的是，夏衍很想让她去上海电影剧本创作所担任编剧，但有些人对张爱玲"汉奸"的背景仍然不接受，让张爱玲不得不为前程担忧。

她说过"还有更大的破坏要来"，她早已预知自己在中国的命运，怕再陷于政治斗争中，开始考虑是否要离开。弟弟张子静问过姐姐对未来的打算，他写道："有一次我去看她，问她对未

第七章

华丽转身：生命是一袭华美的袍

来有什么打算。我们虽然不谈政治，但对政治大环境的改变不可能无知。尤其像她那么聪明的人，经历过上海沦陷，香港沦陷，抗战胜利，对于各阶段的变化，一定有她独特的观察和发现。她以前写出'已经在破坏中，还有更大的破坏要来'这样的句子，解放之后，种种的变化都更激剧，也许她已经预见'更大破坏要来'了。我问她对未来有什么打算，就是因为我对整个客观环境已经有所考虑了。但是姐姐默然良久，不作回答。"

她迷茫了，也厌倦了。她已不适合这样的环境，尽管她的成功刚刚开始，可是她只想离开，离开这个伤心之地。这一次，她再次选择离别，与姑姑，与多年好友，独自一人转身，此后，她不再为任何人低头，不再为任何人卑微。

胡兰成说，他只是一时失败，他定是不失志气要重新开始。张爱玲也是一时失败，以前她从不认输，认识胡兰成后，彻底萎谢了。不知道，她的离开算不算是一种逃避，总之，她选择了退缩，或者说另一种自保。

到底还是因为他，逼得她不得不离开上海。只是，她认识他无怨无悔，即使散了，也愿各自安好。

再次赴港

香港，第二次世界大战后，成为继纽约、伦敦之后的世界第三大金融中心。这真是一座热闹而喧嚣的城市，在这里，张爱玲不再是出名的作家，亦褪去了子虚乌有的罪名。她行走在繁华街道，那些行色匆匆、面无表情的路人，给了她极大的安全感。没人知道她从哪里来，又将去向何方，更无人剖开她的伤口，幸灾乐祸地撒把盐。

十年前，赴港读书，是她唯一的心愿；十年后，她再次赴港，依然是为了曾经未完成的梦。她听了母亲黄逸梵的话，决定到香港大学申请复学。也有人说，张爱玲借复学为借口逃离上海，是为了不被世人问罪。或许，这是她逃离的借口，可她到底做错了什么？只因与胡兰成有过一段情事，就成了一生抹不掉的污点吗？

她申请出境，持有港大所开具的证明，去香港的理由是"继

华丽转身：生命是一袭华美的袍

续因战事而中断的学业"。临走前，她和姑姑约定互不通信，跟上海的朋友也不做任何告别。弟弟张子静在浦东乡下教书，回到市里去看姐姐，姑姑开门，一见他便说："你姐姐已经走了。"然后就把门关上了。

张子静走到楼下，忍不住哭起来。或许因为心疼，或许知道，此生再不会相见。他记得姐姐在《诗与胡说》中说："活在中国就有这样可爱：脏与乱与忧伤之中，到处会发现珍贵的东西，使人高兴一上午，一天，一生一世……要是我就舍不得中国——还没离开家已经想家了。"

这样可爱的中国，她还是离开了。张子静说，姐姐一直生活在婚姻的阴影中，胡兰成逃离海外，她在上海度过了戒慎恐惧的三年。如今她要离开，连最爱的姑姑都诀别了，可见她想要遗忘一切的决心。唐大郎、龚之方和夏衍知道张爱玲离开上海的消息，无不叹息遗憾，但又觉得她的决定是对的。龚之方说："夏衍当时不知道中国后来有那么多的政治运动，才会直叹可惜，其实张爱玲决定一九五二年离开大陆是很机智的选择，否则一九五七年'反右'那一关，她就可能受不了，更何况是后来的'文化大革命'？"所以，她必须离开，在那个不算陌生的地方，安度余生。

一开始，张爱玲想过在香港生活下去，她对香港是熟悉的，像熟悉上海那样。尽管她内心百转千回，仍相信这片土地能安慰她疲惫的灵魂。8月，张爱玲办完了港大复读手续，但此时的她，

生命有它的图案

为数不多的钱财已花掉，又无经济来源，生活陷入窘迫之境。不曾想的是，炎樱邀请张爱玲去东京，碰壁后再次返回香港，她仓促离开激怒了校方，学校拒绝她想复读的请求。

无奈之下，张爱玲临时找了住处，开始了她谋职的生涯。在上海，她或许可以重操旧业，以写作为生，然而，这是香港，她只得出去谋职。不管她曾经几度风靡上海滩，那份荣耀在她离开上海时，便淡去了。很快，她在报纸上看到美国驻香港新闻处要挑选海明威小说《老人与海》的译者，便报名应征这份工作。她有着深厚的中文功底，亦有着流利的外语功底，早年上学时，她为了提升英文水平，将中文译作英文，又将英文译作中文。这份工作对于张爱玲来说，可谓是轻车熟路。

宋淇是美国驻香港新闻办事处的译员，在审查名单时，看到了张爱玲的名字，又惊又喜。宋淇是著名戏剧家宋春舫之子，1948年来到香港，20世纪40年代生活在上海。张爱玲，他久仰大名，是她的热心读者。他喜欢中国古典文学，对《红楼梦》颇有研究，因为《红楼梦》，他们有了共同的话题和默契。

在香港，张爱玲生活窘迫，是宋淇夫妇给了她诸多帮助。他们两家住得很近，宋淇的妻子邝文美常常去找她聊天，原本张爱玲不喜与人交流，跟她却是很投缘。那段时间，张爱玲先后翻译了《老人与海》《爱默森选集》等作品。她并不喜欢这份工作，只觉得枯燥无味，尤其《爱默森选集》，是逼自己咬牙翻译完的。

第七章

华丽转身：生命是一袭华美的袍

日子渐渐宽裕，张爱玲又有了写作的念头。文字，是她一生的信仰，是她唯一的武器，只要还能生存下去，就不会忘记煮字疗饥。这期间，她写了电影剧本《小儿女》《南北喜相逢》，文字风格不再阴郁、黏湿、浓墨重彩，而是风格清淡，天然雕饰，又不失真味。一如洗尽铅华的张爱玲，经历了大风大浪，人也淡然许多。

她开始用英文写小说《秧歌》。写完后，张爱玲不知是否会赢得出版公司的喜欢，将初稿给宋淇夫妇看过后，才寄给美国的经纪人。

张爱玲的才华，再一次得到认可，美国驻港总领事馆处长麦卡锡十分喜欢她的作品，认为她是一个文学天才。《秧歌》后来在美国出版，有人说："这本动人的书，作者的第一部英文创作，所显示出的熟练英文技巧，使我们生下来就用英文的，也感到羡慕。"

这部小说的成功，给了张爱玲极大的自信。她将《秧歌》译成中文，在香港《今日世界》连载，后又出版了英文本和中文本，但销量并不理想。接着，她又写了一本《赤地之恋》，同样落得销量惨淡的下场。

一路走来，张爱玲在作品上，几乎没有吃过太大苦头。她只要写，就能风靡一时，万人追捧。她想在香港重新开始，以为会找到机会，奈何，落得盛极而衰的结局。张爱玲累了，再一次想到离开，在麦卡锡的帮助下，她获得了美国签证。

生命有它的图案

三年，又一个三年，然而，最终还是落得离开的结局。在这里，唯一令她欣慰的是结识了宋淇夫妇，除此之外，真是一言难尽。她曾说过："香港是一个华美的但是悲哀的城。"在这里，她一直是素人，体会着人生百态，万事艰难。以她的才情，继续耕耘未必不会出头，可她知道，她再也回不去了。

离开，终究是不舍的。她哭了，难过地把头埋进枕头里，久久不愿把脸抬起来。她后来写信给宋淇夫妇说："……别后我一路哭回房间，和上次离开香港的快乐刚巧相反，现在写信也还是眼泪汪汪的……"

香港之大，却容不下一个张爱玲，她努力过，还是失败了。离开，不为别的，只为在没有完全枯萎前，保留最后的尊严。每个人，都愿过儿孙绕膝，有家有亲人的生活，而她却只愿独自萎谢。

有时不得不问一句，值得吗？多数人会认为，不值得，没人喜欢孤独，没人喜欢萎谢。可她绝无仅有，骄傲孤冷，宁愿我行我素，也不愿为世人再低头。她说："换一个人，都不会天色常蓝。"

是啊，换一个人，都不能活成张爱玲。

第七章

华丽转身：生命是一袭华美的袍

驶向美国

尝过悲欢，经历离合，早已明白人生不过黄粱一梦，可梦得久，就不愿再醒。没人是清醒的，那褪去繁华，独自一人远走海外的张爱玲，仍然没能逃脱因果，束缚在她唯一在意的尊严里。所以，离开吧，远离故人旧友，就没人再记得她，也再没有尊严可伤。

秋天，一个充满肃杀之气的季节，暗示了张爱玲的离开，如同飘零的叶子被吹向海外，再不能落叶归根。她靠美国出台的《难民救济法》，获得了美国签证，因是曾红极一时的作家，所以没费什么周折。张爱玲穿一件旗袍，披一件流苏披肩，拎着皮箱登上了"克利夫兰总统号"。

这艘船经过日本，横渡太平洋，在旧金山稍事停留，便来到了纽约。国外，是母亲和姑姑曾经非常喜欢的地方，令张爱玲很是向往。之前，她一心出国，不过是为了完成学业，要过得比任

195 ‖

生命有它的图案

何人都好。如今，十年风雨，她登上人生高峰，又从高处跌落山腰，来到这里，只为与尘梦旧事告别。她走在喧嚣热闹的街道，全是异国面孔，让她有种大隐隐于市之感。这陌生的环境，给了她极大的安全感，果然自由自在了许多。

在美国，张爱玲并非举目无亲，她的好友炎樱早已移居美国，在纽约做房地产生意。她先到了炎樱家，与她倾诉这些年的前尘往事。炎樱是她在这个世界上，为数不多可以信任的人，也是唯一可以卸下防备、一诉衷肠的人。她告别姑姑，告别上海，唯独舍不得告别这位老友。

与炎樱重逢，张爱玲快乐了不少。她们像在香港和上海时那样，一起逛街、看电影、吃冰激凌。她只有在炎樱面前，才可以肆无忌惮像个孩子。

早在香港时，张爱玲便通过信件与胡适先生取得了联系。她此番前来，还想见见这位令她钦佩的人。此时的胡适，早已脱离政坛，在纽约过着闲云野鹤的日子。据说，张爱玲和胡适先生两家还有一些渊源。张爱玲的祖父张佩纶在胡适父亲胡传事业受阻时帮助过他，后来张佩纶被贬，胡传还为张佩纶寄去过二百两银子。除此之外，母亲、姑姑和胡适先生还是牌友，也因此，胡适先生对张爱玲这位晚辈格外关注。

胡适住在一幢港式楼房里，屋内装饰是传统的中国风，他除了写书和做研究外，深居简出，也不再教学和参与社会活动。张

第七章

华丽转身：生命是一袭华美的袍

爱玲在忆胡适的文章里写道："适之先生穿着长袍子。他太太带点安徽口音……态度有点生涩，我想她也许有些地方永远是适之先生的学生。使我立刻想起读到的关于他们是旧式婚姻罕有的幸福的例子。"

远在异国他乡，见到熟悉的人，牵出张爱玲淡淡的思乡之情。胡适很欣赏张爱玲的才情，赞扬她的《秧歌》，还与她敞开心扉畅谈文学，真是他乡遇知音。之后，胡适唯恐张爱玲寂寞，对她很关照，几次打电话问候。张爱玲也没有见外，隔些时日便去拜访胡适先生，并把自己想要翻译《醒世姻缘传》《海上花列传》的想法告诉他，胡适说，这是一件十分有意义的事，希望她能尽早去做。

初来美国，张爱玲一直住在炎樱家中，有一日，她听人说纽约市里有职业女子宿舍出租，费用廉价，一下子有了搬家的念头。她来美国，是为了重新独立生活，一直住在炎樱家中，始终不是长远之计，所以，她必须找机会独立起来。

张爱玲不顾炎樱劝阻，还是搬走了。这个女子宿舍是救世军创建的救济贫民的地方，简陋、混乱，环境恶劣。在这里，她只是暂时落脚，怎样艰苦的环境并不重要，重要的是，她能一个人好好地生活下去。

她那简陋的小屋，胡适先生来过。她请他到客厅去坐，大厅里黑洞洞的，有礼堂那样大，还有一个台子。他们两人说话像在空旷的山谷，带着回音。那回音传来传去，颇有些尴尬。张爱玲无奈地笑了，胡适却连连说好。显然，胡适先生懂得一个女子在国外生存的不易，更懂得给人以尊严，以关怀。张爱玲对胡适的宽慰很感动，这些年，她经历无数风雨与误解，真正尊重她的人却极少。他安慰的话语，不是怜惜，不是施舍，而是带着某种诚恳与赞赏。

胡适先生要走了，此次离别，给了张爱玲无限伤感，那股悲风吹了很多年。她那时并不知道，这次离别是她最后一次见适之先生。后来，一连几年他们都很少联系，直到张爱玲接到胡适先生逝世的消息，才知道原来世间再无知音人。1962 年，胡适先生在宴会上演讲，突然逝世。爱玲说，他是无疾而终，有福之人。

此时的爱玲，住在救世军女子宿舍也不是长久之计，她必须为自己打算，寻一个真正的住处。眼下，最难的不是住处问题，而是入不敷出，新小说销量惨淡，出版社不愿再印刷她的小说。她想要在美国活下去，就必须拿出一个令美国读者叫好的作品。为此，张爱玲决定，翻译《金锁记》。

这个宿舍，每天有酒鬼出入，那些老姑娘们，也爱吵吵闹闹，爱玲实在无法安心翻译。出于无奈，她向位于新罕布什尔州的麦克道威尔文艺营求助，希望获得基金会支持。1956 年 2 月 13 日，她在申请书上写道："亲爱的先生，夫人：我是一个来自香港的作家，根据 1953 年颁发的难民法令，移居来此。我在去年 10 月来到这个国家。除了写作所得之外，我别无其他收入来源。目前的经

华丽转身：生命是一袭华美的袍

济压力逼我向文艺营请免栖身，俾能让我完成已经动手在写的小说。我不揣冒昧，要求从3月13日到6月30日期间允许我居住在文艺营，希望在冬季结束5月15日之后能继续留在贵营。张爱玲敬启。"

张爱玲所说的"已经动手在写的小说"是《粉泪》，后更名为《怨女》。为了促成这件事，她找来合作过的司利卜纳出版社的主编哈利·布莱格，自己的代理人玛莉·勒德尔，以及知名小说家约翰·菲利普斯·马昆等人做担保。3月后，她离开了女子宿舍，搬去麦克道威尔。

几经流转，她终于有了临时住处，也终于决定开始写作。她可以高傲地抬起高贵的头，冷眼看世间，也可以在凡尘将头低至尘埃，尝尽人生百态。这位出身名门的贵族小姐，曾红极一时的作家，如今低头，只为求得一间栖身之所。人生如戏，跌宕起伏，你或许觉得这是爱玲的无奈之举，可对于她，并不觉得这样有失尊严。无须伤感，无须落泪，亦无须感叹人生，这是她的选择。她愿意活成一座孤岛，人生只剩下悲凉、孤独，如同天上月亮般皎洁的颜色。在你看来，或许冰冷，可在她看来，总透着毛茸茸的暖。

两个很接近的人

一直记得，张小娴说过一句话："是的，一个人也可以，但是，要有两个人才会甜蜜。"有人喜欢寂寞，可是也没人拒绝甜蜜，当那块甜蜜的糖送到嘴边，任是再冷漠的人，也愿意品尝它的味道。一个人，没什么不好，可一个人到底太冷了。在某个孤寂的冬天，有人陪伴，互相取暖，总胜过一人在小屋里瑟瑟发抖。

每个人都是一座孤岛，因为永远不可能有人完全了解你。但请你也不要忘记，世间总有一个人，愿意包容你，宽待你。那个人，或者不是你最爱的人，但一定是最理解你孤独的人。遇到他，就不要放手，你该卸下防备与疲惫，许自己半世安稳了。

张爱玲又走了，从纽约去往波士顿，又转乘巴士到了新罕布什尔，进入彼得堡镇。这是她主动申请获得的暂居之所。抵达麦克道威尔文艺营时，天色逐渐暗下来，柔和的灯光从窗子里漫出来，

第七章

华丽转身：生命是一袭华美的袍

温暖而静谧。这座欧式庄园，有几十所独立的工作室，供艺术家们专心从事艺术工作。另外还有图书馆、宿舍以及为社交专门提供的大厅。

马琳·麦克道威尔夫人是一位善良的人，她用独奏音乐会募捐的收入支撑着麦克道威尔文艺营运行，为有才华的艺术家提供了一个静谧的创作环境。她的丈夫爱德华·麦克道威尔，是美国浪漫主义作曲家。他们的善举，让世界上许多孤独飘零的艺术家们有了安身居所。张爱玲来到这里，拥有了一个工作室，一间木屋，一日三餐。山里很冷，积雪不化，寒微的隐居，十分适合创作。

张爱玲安顿下来没多久，很快便投入创作。这是一本英文小说，叫作《粉泪》，是后来出版的《怨女》，同时也是《金锁记》的拓展本。当年，她靠《金锁记》风靡上海滩，如今重新改写故事，她有信心将自己再次推向新的高潮。

在这个营地，每日早餐时间固定，午餐有时会有饭菜送到工作室入口，四点后他们回到大厅，或回到宿舍，或进行娱乐社交活动。晚餐时，所有艺术家必须在大厅用餐。那时的张爱玲依旧冷漠，习惯独来独往。她在木屋轩窗下写作，累了看一看窗外皑皑白雪，有时对着寂静的山林发呆。这里太冷了，张爱玲在室内捧着咖啡，却只觉得一阵阵温暖。

作为亚洲人，张爱玲的出现，引起了异域艺术家们的好奇。她不善与人交际，更是为这位东方佳人增添了一分神秘的色彩。

生命有它的图案

在那个冰天雪地的世界里，以为千年不会融化的冰山张爱玲，遇见了她生命里的第三个男子———一位美国花甲老人，赖雅。炎樱问张爱玲："为什么会是赖雅，为什么要找一位花甲老人？"张爱玲说："我一向是对于年纪大一点儿的人感动，对于和自己差不多岁数的人有点看不起。"

赖雅，1891年出生于费城，是德国移民后裔，年轻时已表现出超人的文学天赋。他写过诗歌、小说、剧本，是哈佛大学硕士，后来还是《波士顿邮报》的记者。遇到张爱玲时，他是一名自由作家，并发表了大量文章。赖雅个性洒脱，爱交际，知识渊博，为人豪放。有过一段失败的婚姻，还有一个女儿。离婚后，无钱时写稿，有钱时周游世界。

赖雅极具文学天赋，却在创作过程中屡屡受挫，始终无法将才华完全施展出来。晚年他完成了小说、戏剧、历史传记等五部作品，不过因几度中风，大有江郎才尽之势。1955年，赖雅申请来到麦克道威尔，只希望在完全老去之前，能够静心写作，完成他最后的使命。只是他没想到，在这里会遇到伴他度过余生的人。

张爱玲也没想到。原以为她会枯萎至死，不再需要爱。可她还是遇见了他，这个给她温暖的老人。在那个寒冬里，一场猛烈的暴雪忽然而至，两人在大厅里静静地聊天。高贵的家族，旧时的上海滩，沦陷的香港，她像在讲述别人的故事。他总是一身白衣白裤，静静聆听，有时高谈阔论，有时幽默地博她一笑。他们

第七章

华丽转身：生命是一袭华美的袍

谈文化，谈人生，谈文学，越谈越投机。赖雅像个长不大的孩子，充满童趣，早些年他经历的奇闻逸事，总能让爱玲听得开心不已。

也许，他早就注意到她，懂得她内心的寂寞，才故意逗她开心；也许，他的经历足够传奇，惹得爱玲卸下防备。不管怎样，爱玲笑了。她自己都不敢相信，经历风霜雨雪后，还能如此开怀大笑。这些年，她把自己那颗冰冷的心封存了太久，久到以为再不会有人走进她的心，再不会有人能温暖她。她到底是错了，她并非冷漠无情，只是没有遇到懂她的人。她需要卸下防备，需要别人的温暖，这不是因为她寂寞，而是尝到了安稳的甜蜜。

爱玲遇到赖雅时，她三十六岁，他六十五岁，一个风华正茂，一个风烛残年。有才华的男子如此之多，为什么偏偏是他而不是别人？缘分的事，向来说不清。如果非要找一个原因，那便是勇敢吧。桑弧当年错失爱玲，终究少了些勇气。他太为爱玲考虑，如果他极力争取，说不定将是另外一番天地。西方男人，敢于追求爱情，敢于表白，他们热情奔放，富有涵养，最终打动了张爱玲的芳心。

张爱玲和赖雅之间可能算不上爱情，可对他们来说，是相互取暖的人。张爱玲说："爱情使人忘记时间，时间也使人忘记爱情。"那段陈年旧事过去太久，那段撕心裂肺的爱情也该忘记了。有人说，张爱玲从没忘记过那个伤她的人，不然后来的岁月，也不会孤单成一座孤岛。或许她从来没有忘记，可她给了自己一个重新开始的机会，不是吗？

生命有它的图案

忘记与否并不重要，重要的是，远在异国他乡，她有了依靠。赖雅的身体状况每况愈下，无法给爱玲真正的安稳，可对爱玲来说，她要的是心的宁静。之后，爱玲与赖雅相濡以沫十一年，爱玲一直为生计奔波，对赖雅悉心照顾。张爱玲说："我们很接近，一句话还没说完，已经觉得多余。"她要的就是那个懂她，尊重她，跟她有默契的人。他无须许下誓言，便能给她平淡岁月，相比那甜言蜜语的伤害，什么也不说才更为真实。

第七章

华丽转身：生命是一袭华美的袍

决定结婚

缘分是什么？是处心积虑、排兵布阵的设计，是生死相依，誓死相随的决心；是不经意间，转角遇见爱的惊心……这都是缘分，也都不是缘分，不同的相遇，必然导致不同的结局。有的作茧自缚，有的有缘无分，有的只在人群中多看了一眼，便是一生一世。世事难料，缘分天定，你或许认为月老搭错了线，只是我们都该相信，无缘不聚，无债不来，给你的未必是最好的，但一定是前世与你牵扯最多的。

缘分就是这样，不管你在世界哪个角落，总能把你送往对的地方。张爱玲来到麦克道威尔文艺营，似乎就是为了这场相遇，找到那个能够相互依赖，彼此依偎的人。她与他并没有想要一个结果，只想在这个寒冷的冬天，找到一个彼此温存的人。而赖雅一直四海为家，习惯了单身生活，并不打算给张爱玲一个承诺。

生命有它的图案

赖雅离开文艺营的日子到了。张爱玲与他依依惜别,上车前,把仅有的一点儿积蓄给了他。赖雅走了,去了纽约北部另一个文艺营,依旧过着单身清简的日子。分别时,他们想过再也不见,可缘分还是将他们捆绑在了一起。张爱玲怀孕了。她把这个消息写信告诉赖雅,赖雅激动万分,思虑良久,决定求婚。

以他当下的处境,并不适合结婚,更不适合养育子女。可他是一个男人,自己闯下的祸,必须承担起应有的责任。她等不及来信了,第二日打电话过去,赖雅让她去萨拉托卡泉镇。

张爱玲再一次踏上征途,如同漂泊无依的浮萍,不知何时才能有一个安稳的家。她此次前行,不是寻找新的机会,而是奔赴一个自身难保的男人。赖雅提前在车站等候,终于见到了他的未婚妻。他把她安顿在一间旅馆,并正式向爱玲求婚。张爱玲答应了,不过赖雅提出要求,不能将孩子生下来。张爱玲同意了,以他们的生活环境,实在不适合迎接这个新生儿。但是,如果不是为了孩子,他们又何必结婚呢?

或许他们已经习惯彼此取暖,只希望余生有人陪伴,与随性放逐相比,一纸婚约才能换来现世的安稳。曾经有人许她一世安稳,他给不起,如今这位老人,真诚良善,即使没有承诺,已是最安稳的岁月。

1956 年 8 月,他们结婚了,赖雅和张爱玲举行了简单的婚礼。婚礼结束后,他们用为数不多的钱游遍了纽约,算是过了一个简

第七章

华丽转身：生命是一袭华美的袍

单的蜜月。张爱玲把这件喜事写信告诉母亲，黄逸梵为她的决定而高兴。尽管赖雅年纪很大，但两个人总胜过一个人，不至于孤苦伶仃。

10月，两个人重新回到麦克道威尔文艺营，刚入住不久，赖雅中风复发，差点死去。身体越来越差的他，必须依赖张爱玲的照顾。那时，张爱玲在美国发表英文短篇小说《五四遗事》，随后又将这篇文章译成中文，发表在台北的《文学杂志》上。

没有版税，只靠卖字为生，还要照顾生病的赖雅，张爱玲那时的日子有多么窘迫，可想而知。他们居无定所，文艺营到期后，不得不临时租房子，而稿费又迟迟不来，最难的时候他们常常为了一顿饭而发愁。好在两人彼此陪伴，携手渡难关，总算是个安慰。

张爱玲把改善生活的希望寄托在《粉泪》的出版上，让她感到难过的是，出版社决定不出版该小说。绝望的张爱玲为此大病了一场，曾经令她红极一时的作品，曾经令她骄傲自信的作品，如今遭到退稿，她不得不怀疑自己是否江郎才尽，是否再无法被读者接受。

祸不单行，灾难接踵而来。没多久，张爱玲忽然接到母亲病重需要做手术的消息。此时的她，无钱买机票去伦敦，只能写信给母亲，并附上一百美元的支票。这位一生漂泊的女人，为了理想生活大胆离婚的女人，最终没有挺过去。很快，张爱玲接到母亲病逝的消息。母亲留下一只箱子给张爱玲，她清点遗物时，看

生命有它的图案

到一张自己的照片，她再也忍不住，悲痛欲绝地哭了。

女人要强，真的好吗？她和母亲一样，出身贵族家庭，曾经都是锦衣玉食。要强了半生，努力了半生，最终身边只剩下一只小小的箱子。轰轰烈烈地来，冷冷清清地去，这大概就是命，张爱玲在母亲身上预见了自己的命运。

去了的人，已归彼大荒，活着的人，还要坚强地活下去。张爱玲开始翻译《狄村传》，英文名字是《狄中笨伯》。不过，作品有明显的政治倾向，出版一直不被看好。最后在美国新闻处的资助下，才在香港顺利出版。那段时间，宋淇夫妇也给了张爱玲诸多帮助，她创作了几个电影剧本，麦卡锡依然让她担任美国新闻处翻译。

几年的努力，日子总算好了起来。这些年，她的作品不温不火，维持生计的多是翻译作品，为此张爱玲难免灰心丧气。她想重振当年在上海滩的辉煌，决定写新的小说，试水美国文坛。她将一部小说作品投稿给几个出版社和代理人，要么是拒绝出版，要么是石沉大海。

张爱玲无畏生活的艰辛，只要努力工作，日子总能安稳地过下去。只是，赖雅几次发病，令张爱玲不得不忧心。另外，来到美国后，她的文学之路越走越艰辛，连方向也迷失了。她摸不准美国人的喜好，又不知台湾香港如今又是怎样一番天地。于是，张爱玲萌生了回中国港台发展的念头。这些年来，她日子清苦，

第七章

华丽转身：生命是一袭华美的袍

好不容易通过努力在旧金山安定下来，实在没必要离开。赖雅不同意她的决定，她一走，病中的他又该由谁来照顾？

张爱玲决定的事，向来无法改变。赖雅见她如此坚决，只好给女儿霏丝写信，希望女儿能将他接到与她相邻的地方居住，好彼此照应。张爱玲走了，将钱财留给赖雅，独身一人飞去台湾，为她的文学梦寻找新的出路。她必须回去，不该继续留在美国消磨时光。

有人说，是赖雅耽误了张爱玲的前途，为了他，她整日忙于应付生活，再也不能静心创作。尤其是夏志清先生，他认为赖雅是个自私专横的男人，实在负了张爱玲。张爱玲的决定，从来都这样坚决，他自是温暖到她，才会答应嫁给他。如今，她决定发展文学事业，他自然是阻止不了。

赖雅去送爱玲，望着她渐渐远去的背影，认为她再也不会回来了。她坐在飞机上，看着地上的赖雅越来越小，不知有没有想过回来。当下，她哪顾得了许多，只盼前路安好，再许她半世风光。

大隐隐于市：孤独地活着，慢慢地老去

第八章

大隐隐于市：孤独地活着，慢慢地老去

回到香港

她回来了。这个女子离开六年，带着满身疲惫，风尘仆仆地回到故国。她来寻找希望，期盼故乡的人如同那轮天边明月，给她指引方向。她不敢相信，脚下踏的这片大地，竟是这般亲切。她曾经说："要是我就舍不得中国——还没离开家已经想家了。"在那个陌生的国度，不知她是否也曾想过家，如今她回来了，回到了故国的怀抱。

张爱玲来到了中国台湾，虽然她是第一次踏上这座陌生的岛屿，可家乡的人却是不陌生的。她来这里找麦卡锡，此时他是美国驻中国台北领事馆的文化专员。这些年，他一直对她的才华颇为欣赏，一直在尽己所能帮助爱玲。

麦卡锡为张爱玲接风洗尘，在大东园酒楼设宴欢迎。为了热闹氛围，还叫来了《现代文学》杂志的白先勇、王祯和、王文光、

生命有它的图案

陈若曦、欧阳子、戴天、殷张兰等人。他们就读于台湾大学，非常有才华，深得麦卡锡的喜爱。

张爱玲曾是红极一时的大作家，她的作品在台湾凡响不错，这些年轻的"文青"，更是将张爱玲捧上了神坛。他们都没见过张爱玲，猜测她是怎样的容貌，白先勇说："她准是又细又瘦的。"不一会儿，麦卡锡和张爱玲双双到场，她身着素净旗袍，清瘦孤绝，看上去还很年轻。陈若曦在《张爱玲一瞥》中写道："须臾，张爱玲来了，果然身材干扁细长像根竹子。我不禁和白先勇相对莞尔，很佩服他眼光独到；想是他住过 20 世纪 40 年代的上海，知道上海女性的特点吧。应是不惑之年的张爱玲，杏眼白肤，笑容羞涩，神情活像个小女孩。显然一向以素颜面世，直发剪短了拢到脑后，配上一身素净的旗袍，很像民国初年的女学生。"

她一直是民国烟雨女子，带着旧时上海的味道，带着潮湿的弄堂的气息，带着晚清特有的女子韵味。她语调很轻、很慢，又有一些敏感、羞涩。她不善言谈，不安地坐在桌前，逐字逐句地搭着腔。在旧金山时，张爱玲阅读过王祯和写的小说《鬼·北风·人》，便特意地跟他多聊了几句。张爱玲对王祯和说："看过你的《鬼·北风·人》，真喜欢你写的老房子，读的时候感觉就好像自己住在里边一样。"王祯和听完自然欣喜万分，当即邀请张爱玲去花莲住几日，体验他在老家的老房子。张爱玲答应了。

吃完饭，陈若曦陪着爱玲买礼物，准备买一块布料送给王祯

第八章

大隐隐于市：孤独地活着，慢慢地老去

和的母亲，登门拜访，备些礼物才合礼数。离开宴席，只剩下陈若曦后，张爱玲健谈了许多，她们谈旗袍、发髻等话题。这次交谈，给陈若曦留下了深刻的印象，她后来说："这真是我见到的最可爱的女人，虽然同我以前想象的不一样，却丝毫不曾令我失望。"

王祯和花莲的老宅，带有古朴和典雅的气质。张爱玲在那里住了一个星期，吃的是《鬼·北风·人》里提到的菜品，住的是日式风格的房间。她还去当地的寺庙和乡间转了转，十分喜欢那里的一草一木，一砖一瓦。而王祯和回忆起张爱玲，却总有一种别样的感情。他说："她那时模样年轻，人又轻盈，在外人眼里，我们倒像一对小情人，在花莲人眼里，她是'时髦女孩'。因此，我们走到哪里，就特别引人注意。我那时刚读大二上学期，邻居这样看，自己好像已经是个'小大人'，第一次有'女朋友'的感觉，喜滋滋的。"

花莲的行程结束后，张爱玲准备绕行去台东、屏东和高雄看一看。她刚到台东，就接到赖雅中风的消息。女儿霏丝希望张爱玲能即刻返回美国，她在电话一旁心急如焚，思来想去，拒绝了霏丝的请求。不是她心狠，而是她身上没有往返的路费，即使能向朋友寻求帮助，可是她依然要独立面对窘迫的生活。

她不想再浪费时间，必须加快行程，寻找赚钱的机会。她想到了宋淇，如果有剧本可以写，也能解她的燃眉之急。她匆匆告别台湾的朋友，动身去了香港。

生命有它的图案

阔别六年的香港，如今再回来，早已不是当初记忆中的模样。这里瞬息万变，万象纷纭，摩天大楼之下川流不息的人群，冷漠得仿佛只有一张面孔。她来不及观察这座城市，只想尽快地投入到工作中。

她在宋淇夫妇家住了两日，便在他们家附近租了一间小屋，开始了剧本创作。宋淇为爱玲介绍的工作是为国际电影懋业公司创作电影剧本《红楼梦》。这个剧本分为上下集，初定稿费在一千六百至两千美元之间。她喜欢《红楼梦》，待遇也不错，接到任务便即刻开始工作了。

显然，张爱玲创作这个剧本不是为了喜好，而是为了那笔稿费。远在美国的赖雅躺在医院里，她没资格挑选，只能尽力完成。张爱玲感到前所未有的疲累，她每天工作十多个小时，眼睛熬得出血，双腿浮肿，腰身疼痛。她舍不得花钱就医，脚部肿得连鞋子都穿不上时，也舍不得买一双大号的鞋子。她竟沦落到这番境地，不是赖雅要对她负责任，是她身上背负了照顾丈夫的责任。

这段时间，为了安慰赖雅的情绪，她不断给他写信。病愈后的赖雅，跟女儿霏丝定居在华盛顿，租了一间不错的公寓。而她的剧本，也很快完成了。她如释重负地把剧本交给宋淇，无奈宋淇只是介绍人，并不能敲定剧本是否可用，于是，等待回复的时间成了一种浪费。宋淇怕她生活有负担，趁此空档又为她接了《南北一家亲》的剧本创作。这部戏，稿费只有八百美元，虽然不能解决大问题，但多一笔收入总能解决她的日用开销。

第八章

大隐隐于市：孤独地活着，慢慢地老去

《红楼梦》剧本修改几次后，迟迟没有定稿，张爱玲心急如焚。她又看到上海另外一家公司准备拍摄《红楼梦》，更是绝望至极。这件事，让她彻夜失眠，眼睛渗血更为严重了。张爱玲逗留在香港，在赖雅看来，以为她在逃避。而张爱玲在回信中，向他阐述了最近几个月的工作，她累极了，却没有拿到一分酬劳。此时的张爱玲，再不是绝世才女，她的才华如此轻贱，为着生活，卖着廉价的字。她不再高傲，只能卑躬屈膝，在现实生活里，如同蝼蚁。

赖雅也再不是那个懂她的人。她所有的辛苦，只为他，而他却只会一味地抱怨。张爱玲已山穷水尽，只能向宋淇夫妇借钱。不知宋淇夫妇是否爽快，总之因为这次借钱，张爱玲的心再一次被刺痛。她在给赖雅写的信中，有一句话是："他们不再是我的朋友了。"

香港，绝望之地，留给她的，从来没有欢喜。为了赚钱，张爱玲依旧以八百美元的稿费，又写了几个剧本，才有钱回到美国。她走得决绝，走得愤恨，带着遗憾，带着一身病痛，此后三十年，她再没踏上过中国这片土地。

"他们不再是我的朋友了"，不过是一时的气话，此后几十年，她一直与宋淇夫妇保持着联系，直到她准备后事，也是将遗产交给了宋淇夫妇。而与那位台湾的王祯和，一直有信件往来。有一次他去美国，想要拜访张爱玲，却被她拒绝了。晚年的张爱玲，彻底切断旧人旧事，离群索居，过着闭门谢客的生活。

生命有它的图案

在王祯和的记忆里，张爱玲永远都是那样美丽。"我看到的是张爱玲青春的一面，现在还记得她用小勺挖木瓜吃的宁静仪态，她什么都美，没有瑕疵……"

她那样美，那样天才，那样孤冷高傲，可现实如同她手里的那把小勺，一勺一勺地将她挖空。金钱、亲情、友情、美貌、才华……她不剩什么了。生活给了她莫大的屈辱，将她送到孤岛上。之前，她活成一座孤岛，如今，她被迫成为一座孤岛。所以，只能丢下一切，离群索居，只当世间再无张爱玲。

可是，我们一直记得张爱玲，她是那民国烟雨女子，是那笑容羞涩的女子，是那出身高贵家族，等着自己死时，贵族血液再死一次的女子……我们的记忆出了错，这不过是一个故事，那段前尘往事，再不属于她。她是谁？从哪里来？到哪里去？

她是张爱玲啊。是的，她是张爱玲，可是张爱玲不是已经死去了吗？

第八章

大隐隐于市：孤独地活着，慢慢地老去

君子之交淡如水

因为懂得，所以慈悲，懂得容易，慈悲却难。只要你愿意敞开心扉，世间有太多懂你的人，但你却不会轻易原谅伤害你的人。那个懂得"慈悲"的张爱玲，在爱情里也选择了不原谅，在友情里也尽量决绝。她不是不再慈悲，而是已懂得人为何物。或许，最好的友情不是交心交肺，而是君子之交淡如水吧。

满怀期望而来，无奈绝望而归。张爱玲早说过，出名要趁早，除了在上海那段锦绣年华，她的名气也"早早"地去了。回到美国华盛顿，张爱玲刚下飞机，就看到康复后的赖雅在机场等待。仅几个月，再回来却带着无尽的沧桑落寞，仿佛过了一个世纪那么久。曾几何时，美国竟有了家的感觉，是她的避风港，是卸下满身疲惫和伤痛的安稳之地。

此时的赖雅，再不是那个以写作为生的作家，只是一个体弱

生命有它的图案

多病的老人。他需要爱玲的照顾，需要她赚钱养家，只要她能回来，他又如何顾及得了许多。他是她的丈夫，也还爱着她，只是没想到，这爱会变成一种负担。

归来的张爱玲，并没有摆脱生活带来的困境，依旧为生活寻找着出路。她开始着手写传记小说《少帅》，零零散散靠投稿赚取着生活费。1962年，七十一岁的赖雅再次中风，散步时又摔断骨头，此后便卧床不起了。命运弄人，从小被照顾惯了的张爱玲，今日今时竟照料起这位老头子来。她的人生本就沉重，多了这个包袱，已变得寸步难行。

那些日子，张爱玲整日被牙疾困扰，眼疾也时常发作，病痛折磨得两个人生不如死，生活越发艰难。爱情是什么，知音又是什么？一旦携手并肩，就被家常琐碎消磨得荡然无存。情深的，多消磨些时日；情浅的，也就散了。他再不是当年围炉夜话的绅士男子，她也不再是才情无限、美貌优雅的东方女性。如今围炉烤火，两人都沉默着，赖雅偶尔的风趣幽默，也变得寡淡无味。

命运有时待张爱玲也不错，有帮助她的朋友，有关心她爱她的家人。这些年，麦卡锡、夏志清、宋淇夫妇等，一直为她介绍工作。若不是他们帮忙，张爱玲的日子只怕过得更艰难。1966年，通过宋淇，张爱玲结识了平鑫涛，从此她的人生彻底脱离苦海。

平鑫涛是当年中央书局老板平襟亚的堂侄，是台湾皇冠杂志社、皇冠出版社的负责人，同时也是著名作家琼瑶的丈夫。当时，

第八章

大隐隐于市：孤独地活着，慢慢地老去

张爱玲在夏志清文章的影响下，已有了不小的名气。平鑫涛从宋淇那里找到张爱玲的联系方式，与她取得了联系，希望出版她的作品。张爱玲得到这个消息，真是又惊又喜。那时，赖雅瘫痪在床，她必须亲自照料，合同也是由夏志清代签的。

张爱玲曾给予全部希望的《粉泪》在皇冠出版了，书名更改为《怨女》。此书一经出版，再次成为畅销佳作，此后几十年，张爱玲的作品经久不衰。平鑫涛趁热打铁，接连出版《秧歌》《张爱玲短篇小说集》《流言》《半生缘》等。因为平鑫涛，张爱玲的后半生彻底改写，是他将她从低谷中托了起来。

生活改变是小，她的文字被认可是大。张爱玲那几年遭受生活和事业双重打击，她以为自己过时了，她的文字再没人喜欢，只能靠翻译他人作品度日了。可命运偏偏让她遇到了平鑫涛，让她再一次创造辉煌，风靡宝岛台湾。一直到她离世，是皇冠出版社的版税给她安稳，解决了她晚年的生活问题。

平鑫涛十分欣赏和尊重张爱玲，他后来说："张爱玲生活简朴，写来的信也是简单之至，为了不增加她的困扰，我写过去的信也都三言两语，电报一般，连客套的问候都没有，真正是'君子之交淡如水'。为了'快一点'联络上她，平日去信都是透过她住所附近一家杂货店的传真机转达。但每次都是她去店里购物时才能收到传真，即使收到了传真，她也不见得立刻回信，中间可能相隔二三十天。我想她一定很习惯这种平淡却直接的交往方式，

生命有它的图案

所以，彼此才可以维持三十年的友谊而不变。"

君子之交淡如水，是后来张爱玲与朋友相处的方式。那时，她与炎樱也淡了，曾经的过往更是不愿再提。她"重"过，重重地将自己托付给一个人，可还是失望了，尽管她早就明白，不该对人有期待，只是事情落到实处，就难免有所期望。

她和赖雅继续迁徙，从这一处搬到那一处，除此之外，她几乎足不出户，只为照顾赖雅。此时的赖雅已生命垂危，在他最后的日子里，她竭尽所能地给他陪伴。1967年10月8日，赖雅去了，享年七十一岁。

这一年，张爱玲四十七岁。十一年的彼此相伴，风雨沧桑，竟也这样走过来了。他的离开，是解脱，还是有太多不舍，我们无从得知。于世人而言，她终于卸下包袱，可以轻装上阵一人前行。一个人，她再次成为一个人，他的离开，让她连最后一个知音也没了。

不管怎样，赖雅都让她笑过，只是为了这笑，她付出了太多太多，最后都变成了一声声叹息。赖雅死后，一切从简，没有举办葬礼，火化后，由霏丝安葬他的骨灰。张爱玲说："时间加速越来越快，繁弦急管转入急管衰弦，急景调年已经遥遥在望。"

时光不经意间流过，转眼她就四十七岁了。她与赖雅一个又一个难熬的日子，明明是度日如年，转眼却已经十一年了。此后几十年，她的人生将在光影催促中仓皇度过。赖雅是她最后一位"老

第八章

大隐隐于市：孤独地活着，慢慢地老去

友"，那仓皇的几十年，她要为自己活，活成一座孤岛，在那岛上建立一方简朴的世界。

至于朋友，她已收起那条通往孤岛的客船，闭门谢客了。

专心文学

红尘短短数十载，抛却繁杂琐事，留给自己的时间并不多。离合聚散，阴晴圆缺，不过人生常事，聚无须喜，散亦无须悲。许多人早已看透人生，落到实处还是以物喜，以己悲，始终不能安放那颗原本就平静的心。但她彻底放下了，哭过、痛过、累过、绝望过，之后的世界，再无波澜。她再一次回归文学，把时间留给自己，一个人，一支笔，一世界。

少了赖雅的牵绊，解脱后的张爱玲恢复了"自由身"。她除了修改旧作，开始翻译《海上花列传》，创作《红楼梦魇》。1969年3月，美国亚洲学会年会在波士顿召开，夏志清主持了一个专题小组，他邀请张爱玲来参加这次年会，张爱玲欣然答应了。

演讲那天，纽约下了一天的大雪，飞机延误，接机的於梨华怕她不来，在机场焦急地等待着。直到张爱玲款款走来，她才彻

第八章

大隐隐于市：孤独地活着，慢慢地老去

底放下心来。那一刻，被记录在了於梨华的笔下："记得很清楚，她穿一件暗灰薄呢窄裙洋装，长颈上系了紫红丝巾。可不是胡乱搭在那里，而是巧妙地协调衣服的色泽及颈子的细长。头发则微波式，及肩，由漆黑发夹随意绾住，托出长圆脸盘。眼珠有点突，没戴眼镜，想必有隐形镜片，所以看人时半抬下巴，半垂眼睑。我不认为她好看，但她的模样确是独一无二。"

这时的张爱玲，并没有完全封闭自我，依然与旧日老友偶尔往来。没多久，她还应陈世骧邀请，去加州大学伯克利分校担任高级研究员。这份工作她之所以答应，也是因为夏志清向陈世骧推荐过张爱玲，她对待老友，也算是仁至义尽。

张爱玲在这里主要负责中共术语研究，她对政治并不关心，离开中国许多年，对当时的政治趋势也不了解，从头学起的她，并没有多少研究成果。在人际关系上，张爱玲依旧我行我素，总是与同事错开工作时间。她工作了很长时间，同事几乎没有见过她，偶尔遇到，也只是匆匆一瞥，很快钻进了格子间。

为张爱玲做辅助工作的人，叫陈少聪，他写过一篇文章，名字是《与张爱玲擦肩而过》。他清楚地记录了当时张爱玲工作时的状态："我和她同一办公室，在走廊尽头。开门之后，先是我的办公园地，再推开一扇门进去里面就是她的天下了。我和她之间只隔一层薄板，呼吸咳嗽之声相闻。她每天大约一点多钟到达，推开门，朝我微微一粲，一阵烟也似的溜进了里屋，一整个下午

生命有它的图案

再也难得见她出来。我尽量识相地按捺住自己，不去骚扰她的清静……深悉了她的孤僻之后，为了体恤她的心意，我又采取了一个新的对策：每天接近她到达之时刻，我便索性避开一下，暂时溜到图书室去找别人闲聊，直到确定她已经平安稳妥地进入了她的孤独王国之后，才回到自己的座位来。这样做完全是为了让她能够省掉应酬我的力气。"

天才向来值得被原谅，也容易获得原谅。正因为她的与众不同、独一无二，才创作出了非凡的作品。可也因此，她的人生变得孤僻、孤独、敏感。她从小就跟别人不一样，也从不要求自己跟别人一样，她不在乎别人如何看，只希望不被打扰，能将世界的喧嚣抵御心门之外。

张爱玲的研究报告，递交给陈世骧，得到的回答是："所集词语太少，极为失望。"他又把这报告给另外三位同学看，亦不知所云。面对这样的结果，张爱玲不悲不喜。她的世界无人能懂，世人愿意品读的不过是她的作品。她辞去这份工作，也不惋惜，像是得到了解脱。

加州，一个简约安静的地方，没了工作负担，张爱玲整日伏案写作。对于写作，她说："只要我活着，就要不停地写。我写得很慢，写的时候会全心全意浸在里面，像一个十月怀胎的妇人，走到哪儿就带到哪儿。即使不去想它，它也还在那里。但写完后，我就不大留意了。"写作，如同呼吸，不用想它，就那样存在着，

大隐隐于市：孤独地活着，慢慢地老去

那样自然不刻意。这是她的生命，是她活着的养分。那时，张爱玲已无须为生活奔波，皇冠出版社给她的稿费，足够让她过上安稳平静的生活。

1973 年，爱玲定居洛杉矶，自此"两耳不闻窗外事，一心只读圣贤书"，与那些旧时老友，也几乎彻底断绝往来。她开始翻译《海上花列传》，研究《红楼梦》。《海上花列传》全书对白使用苏州话写成，翻译起来实在耗时耗力。她一点点地翻译，一点点地写，虽然很慢，但她的努力和坚持，使我们普通人也能读懂这本"天书"了。

《红楼梦》才是最熬人的。它考证起来十分困难，研究起来也颇废功夫。许多个日日夜夜，张爱玲用一支钢笔，沙沙地写了不知道多少字。关于这本书，宋淇时常问她写得如何了。她也不常回复，因为实在不知道何时才能写完。张爱玲对《红楼梦》的研究，历时十年，写了二十四万余字，最终在皇冠出版社顺利出版。《红楼梦魇》是她的梦，她曾说过，最恨《红楼梦》未完，她自知人生已至暮年，该完的必须要去完成。她完成了《红楼梦魇》，自己真正的梦却成了遗憾，那部《小团圆》永远都完不了了。

余下的时光，张爱玲用来整理《对照记》。将那些真实过往，旧日陈梦，点滴地记到纸上。后来，她经历无数次搬迁，丢弃了太多东西，唯独那本蒙了尘的旧影集一直带在身边。誓言终究靠不住，那一张张老照片，却带着旧日的温度，一直温暖着她。她说："散

生命有它的图案

场是时间的悲剧，少年时代一过，就被逐出伊甸园。家中发生变故，已经是发生在庸俗黯淡的成人的世界里。而那天经地义顺理成章的仕途基业竟不堪一击，这样靠不住。看穿了之后宝玉终于出家，履行从前对黛玉的看似靠不住的誓言。"

看穿的宝玉出家了，看穿的爱玲选择了离群索居。既然什么都靠不住，又何必去守。对于她而言，唯一靠得住的，就是自己的文字。只要落笔写下，哪怕反复修改都是自己的。只是，她也守着一个看似靠不住的誓言，张爱玲曾说："这是一个热情故事，我想表达出爱情的万转千回，完全幻灭了之后也还有点什么东西在。"

这是《小团圆》里的话。这部书，写了二十多年，至死也未完成。她在暮年时，未完成的竟是一个爱情故事。她守着那看似守不住的誓言："我将只是萎谢了……"可是，那个许她同住同修，同缘同相，同见同知的人，却再也不见了。

爱情幻灭之后，张爱玲说，也还有点什么东西在。她在，那不知名的东西在；她走了，那东西也还在。不信你看，张爱玲走了这么多年，仍是留下这许多东西，不是吗？

第八章

大隐隐于市：孤独地活着，慢慢地老去

离群索居

张爱玲说："日子过得真快，尤其对于中年以后的人，十年八年都好像是指股间的事，可对于年轻人而言，三年五载就可以是一生一世。"人世沧海，变幻无穷，只有经历了才懂得时间的重要性。一个人，哪里能许诺他人一生一世，能过好自己的一生一世，也便不易了。看透的人，再不把希望寄托在他人身上，只想与时间为伍，细数那最后的点滴光阴。

红尘看破，倦掩心门，放下便得大自在。那《红楼梦》里的贾宝玉最后出了家，晚年的张爱玲，似乎也"出了家"。早年，她要出风头，要成为最红的女作家；晚年，她却更希望被人遗忘地活着。她屡次搬家，不想被人打扰，连信箱也看得少了。

有人看破，归隐山林，寻一处草屋茅舍，养花种菜，过简单清静的日子。有人大隐隐于世，在喧嚣的红尘中做了隐士。张爱

生命有它的图案

玲说："公寓是最理想的逃世的地方。"所以，她逃世了，逃在都市里，过着与人隔绝的生活。

在加州，张爱玲也曾接待过一位访客，这位访客叫杨沂，也叫水晶，台大外文系毕业，在美国加州大学任教。1970年9月，他去伯克利分校进修，想借此机会与张爱玲见一面。旧日老友，张爱玲亦是躲避，这位陌生的读者，她自然是不肯见。水晶几番上门求见，又拨打电话预约时间，都被张爱玲拒绝了。在他将离开伯克利分校时，却意外收到张爱玲的信，答应在他动身前一见。

1961年7月的周末，水晶终于见到了期盼已久的张爱玲。他之前见过张爱玲的照片，也听人讲起过她，当他走进张爱玲的寓所，他的内心世界为之震动。太不一样了，跟想象得完全不一样。那种感觉难以用语言描述，只有亲眼所见才会懂得那种感受。

水晶在一篇文章里，细致地描述了张爱玲的房间："她的起居室犹如雪洞一般，墙上没有一丝装饰和照片，迎面一排满地玻璃长窗。她起身拉开白纱幔，参天的法国梧桐，在路灯下，使随着扶摇的新绿，耀眼而来。远处，眺望得到旧金山的整幅夜景。隔着苍茫的金山湾海山，急遽变动的灯火，像《金锁记》里的句子：'荧荧飞着一颗红的星，又是一颗绿的星。'"

张爱玲年过半百，精神状态很好，不过还是瘦，像是她生命中所有的力量和血液，都流进了她的稿纸格子里去了。就是那只细瘦的胳臂，递给水晶一瓶香水，张爱玲得知他去年结了婚，这

第八章

大隐隐于市：孤独地活着，慢慢地老去

个礼物是送给他的爱人的。

两人静静地谈论着她的小说，还有"五四"以来的作家，以及台湾的作家。她认为，台湾作家频繁相聚，并不利于创作，还是分散些好，避免彼此妨碍。水晶写道："她的笑声听来有点腻搭搭，发痴嘀嗒，是十岁左右小女孩的那种笑声，令人完全不敢相信，她已经活过了半个世纪。"她虽然已慢慢老去，可在印象中，她永远是旧时民国女子，从来没有变过。在她身上，岁月只会丰富她，丰满她，而她最初的童真从未消失。

谈兴正浓时，张爱玲给水晶冲了一杯咖啡，而她自己，早已喝了几大杯。她说，她其实喜欢喝茶，只是美国买不到好茶叶，只能以咖啡替代。在上海时，她和姑姑住在一起，写作累了就泡一大杯浓浓的红茶，吃着点心，读一本书。她渴望安静，在红尘中看人们过着烟火生活，那熙熙攘攘、吵吵闹闹的人，听着就觉得自己还活着。

再一次提到写作，张爱玲说："我现在写东西，完全是还债——还我欠下自己的债，因为从前自己曾经许下心愿。我这个人是非常顽强的。"

这次交谈，一直到深夜两点半。她拿出一本英文版的《怨女》送给水晶，跟他说，这样的谈话，大概十年才能有一次。朋友间会面，有时终身才得一次。这仅有一次的会面，谈了足足七个小时。于张爱玲，这不过是一次普通的朋友会面；对于水晶，却是刻骨铭心的人生经历。

自此之后，张爱玲定居洛杉矶，再不肯见谁。是亲是友，早就散了，该放下的，不该放下的，都放下了。有人寻她，她亦是不肯见，像是出家之人，不再过问凡尘琐事。她想要逃，逃到一个没人认识她，谁也找不到她的地方去。她需要安静，为了这份安静频繁搬家，像是躲着谁。

1979 年，姑姑张茂渊终于找到宋淇，通过他给张爱玲去了一封信。张茂渊和她的初恋情人李开第再次重逢，最后终于喜结连理。张爱玲见到来信，很是欣慰，她相信姑姑会结婚的，哪怕到了八十岁，遇到对的人也会不顾一切。姑姑这些年，没有再搬家，守着张爱玲走之前住的卡尔登公寓。她要守到老，守到她离去。

后来弟弟张子静也联系上了张爱玲。这些年，他一直关心姐姐，一有不好的新闻便担心不已。他过得不好，独身一人至今未婚。父亲张志沂早就过世，继母孙用蕃艰难地度着晚年。张爱玲读完信，半年后给他回了信："小弟：你的信收到了，一直惦记着还没回信，不知道你可好。我多病，不严重也麻烦，成天忙着照料自己，占掉的时间太多，剩下的时间不够用，很着急……消息阻塞，有些话就是这样离奇，传说我发了财，又有一说是赤贫。其实我勉强够过，等以后大陆再开放了些，你会知道这都是实话。没能力帮你的忙，是真觉得惭愧，唯有祝你安好。"

这封信的落款时间是 1989 年 1 月 20 日。姐弟二人，相隔几十年，

第八章

大隐隐于市：孤独地活着，慢慢地老去

才终于通上信。弟弟张子静是激动的，认为姐姐和他有斩不断的血缘亲情，她并不冷漠，更尊重她的决定。这些年，张爱玲漂泊在外，从不肯给亲人主动写下只言片语，哪怕一句问候。有人说，张爱玲太过无情，而她却觉得，既然决定离散，就不该再有牵扯。

从 1984 至 1988 年，张爱玲做得最多的事便是搬家。传说中，她每个星期搬一次家。虽然有些夸张，但频繁迁徙却是肯定的。有人认为，她在躲避一些人，防止被找到，而张爱玲的解释是，为了躲避跳蚤。她觉得，每间屋子都布满黑色小点，不得不远离那不净之物。生命是一袭华美的袍，爬满了蚤子。她年轻时写过的一句话，应验在了自己身上。

为了杀死跳蚤，她买了许多杀虫剂，每天喷洒，依旧无法完全驱除。没办法，她只能剪掉头发，包上头布，穿着毛拖鞋。那几年，她一直是这样的装扮，像个孤苦无依的老人，像个穷苦的流浪者。最令人难过的是，在频繁的搬家中，她丢失了《海上花列传》英译稿，甚至连移民证件也丢了。

她开始居住在汽车旅馆，这里环境简洁，生活倒是方便。因为搬家成了习惯，她丢掉了太多无用之物，身边留下的物品越来越少。张爱玲的好友庄信正先生担心张爱玲的生活状况，给好友林式同写信，希望他能帮助照看这位老者。

林式同和庄信正去汽车旅馆看张爱玲，按了门铃，门只打开了一条细细的缝。里面的人说，她还没有换好衣服，很是抱歉，

生命有它的图案

把信放门口就好。她是真的离群索居，不仅故人不见，新友亦是不见的。她不愿与人打交道，后来又一次搬家，只能向林式同求助，这才见了人。林式同回忆说："走来一位瘦瘦高高、潇潇洒洒的女士，头上包着一幅灰色的方巾，身上罩着一件近乎灰色的宽大的灯笼衣，就这样无声无息地飘了过来。"再也没了震动，当年那个令人震惊的女子不见了。她垂垂老矣，狼狈潦倒，活得像一个幽灵。

朋友也曾怀疑，她在躲人，或者心理出了问题。张爱玲解释说，南美种的蚤子非常顽强，小得肉眼看不到，是杀不净的。哈佛研究生司马新，通过夏志清认识了张爱玲。他听说张爱玲的病情后，托人在洛杉矶找了医生，给她看"跳蚤"病。医生诊断结果是，大概她以前遭遇过跳蚤困扰，两三年前跳蚤就已杀净，现在是皮肤瘙痒的问题。她敷了药，药效如神，已经完全好了。张爱玲写信赞扬那位医生"医道高明，佩服到极点"。

皮肤病治愈，她再不用频繁搬家了。1988年，她写信告诉林式同，可以为她找一个固定居所了。不等林式同帮忙，她已经在一处公寓里安顿下来。搬入新家后，她尽量避免出门，出门一次便购入许多所需生活物品。去楼下取信的次数也很少，十天半月难得见她一次。如果下楼取信，多在夜深人静时，避开了所有人。每天，她的屋子里开着电视，声音很大。她在这样的环境里，活得安静，活得自在。

第八章

大隐隐于市：孤独地活着，慢慢地老去

谈到张爱玲的生活，平鑫涛说："撇开写作，她的生活非常单纯，她要求保有自我的生活，选择了孤独，甚至享受这个孤独，不以为苦。对于声名、金钱，她也不看重。……和张爱玲接触三十年，虽然从没有见过面，但通的信很多，每封信固然只是三言两语，但持续性的交情却令我觉得弥足珍贵。"

这时的张爱玲，能联系的人更少了。平鑫涛给她稳定的稿费，她与他保持着稳定的联系，除此之外，她几乎过着与世隔绝的生活。张爱玲说："在熙闹的城市里才能体察自己还存在。"开着电视，她能证明自己还活着。

她不看电视，只是听着声音，写着小说，研究着《红楼梦》。这一切，仿佛昨日，像她在大上海姑姑的公寓里，楼下有吵架的夫妻，窗外有电车声，不时传来电话声……电视开着，就是喧闹的世界，对她而言，什么都有了。

生命有它的图案

长的是磨难，短的是人生

　　"人怕是离不了悲剧的命运的，生命就是在苦里熬，活下去只是为了满足吧，即使是'乐不抵苦'。"这是张爱玲说过的话。晚年的张爱玲，是一位孤苦无依的老人，即使乐不抵苦，还在苦里熬着生命。为了躲避世事纷扰，她什么都可以丢下，感情、名声、金钱，唯独曾经对自己许下的誓言——写作不肯丢下。

　　她不想见任何人，也不想被人惊扰，只想活在自己的世界里。然而，她还是被人打扰了。这个人是台湾的戴文采，是张爱玲的崇拜者，也是台湾报社的一名记者。张爱玲太神秘了，她想对张爱玲做一次采访，可她寄去的信件如同落进太平洋。久候无回音的她，无奈搬进了张爱玲居住的大楼，住在张爱玲隔壁。

　　她住在那里等待机会，每天耳贴墙壁，听对面房子里的动静。她说，张爱玲一天约看二十小时电视，声音开得极响。一个月后，

第八章

大隐隐于市：孤独地活着，慢慢地老去

她终于等到了想要的机会，她看到张爱玲走出房间，出来倒垃圾。

"她真瘦，顶重略过八十磅。生得长手长脚，骨架却极细窄，穿着一件白颜色衬衫，亮如洛佳水海岸的蓝裙子，女学生般把衬衫扎进裙腰里，腰上打了无数碎细褶，像只收口的软手袋。因为太瘦，衬衫肩头以及裙摆的褶线始终撑不圆，笔直的线条使瘦长多了不可轻侮……我正想多看一眼，她微偏了偏身，我慌忙走开，怕惊动她……因为距离太远，始终没有看清她的眉眼，仅是如此已经十分震动，如见林黛玉从书里走出来葬花，真实到几乎极不真实。岁月攻不进张爱玲自己的氛围，甚至想起绿野仙踪。"

张爱玲极怕被惊扰，可依然有人不依不饶。戴文采不甘心一无所获，将张爱玲丢掉的垃圾用一枝菩提枝子全部勾了出来，事无巨细地将那垃圾和亲眼所见写成了一篇采访记——《我的邻居张爱玲》。

夏志清知道了这件事，怕伤害到张爱玲，打电话告诉庄信正，希望张爱玲能以最快的速度搬家。就这样，张爱玲在戴文采眼皮底下，悄无声息地搬走了。至于她搬到了哪里，除了林式同，再无人知晓了。

起初，戴文采的采访，有一些报纸不肯刊登，她以为报道角度出了问题，可报社拒绝她的理由是，媒体道德问题。因为她的惊扰，这位七十岁的老人搬家了。她身体不好，前几年在搬家时还丢了《海上花列传》英译稿，难道不能让她清静几年吗？

生命有它的图案

因为这位记者的骚扰，张爱玲警惕性更高了。她的住址绝对保密，连姑姑都不知道了。只不过，这次搬家，她没住多久，因为上街时被一个南美洲青年撞倒，摔坏了肩骨，看过医生后，幸无大碍。后来这里搬来一些南美和亚洲移民，他们素质不高，卫生习惯不好，有人还养了猫狗，让她难以忍受。

她讨厌一切需要付出感情的东西，包括动物。1991 年 7 月，在林式同的帮助她，她搬到了一个新的公寓，房东是伊朗人。林式同开车陪她签合同，这是他第二次见她。林式同询问她身体状况，她说最令她苦恼的是牙齿，总也医不好。她提到了三毛，问林式同：三毛怎么就自杀了？

三毛无法接受人间悲剧，她放不下荷西，只想随他而去。对于张爱玲来说，活着最重要："人生的结局总是一个悲剧。老了，一切退化了，是个悲剧。壮年夭折，也是个悲剧。但人生下来，都要活下去，没人愿意死去，在生和死之间的选择，当然要去选择生。"只是，她活得艰难，人人都想找到她，而她的一切又对外保密。

为了不被人知道她的住址，她给自己的邮箱用了一个假名Phong，越南人的姓。这信箱她不常打开，一个月开启一次。每次总是满满当当，她有时不读，读了也不回信。有人辗转通过信件告诉她，姑姑病重，长年卧病在床，希望她能回上海探望姑姑。她不想回上海，拒绝了这位好心人的请求。她说："……时间不

第八章

大隐隐于市：孤独地活着，慢慢地老去

够用，实在没办法，只好省在自己朋友身上了，所以全都疏音问。我去过的地方太少，如果有工夫旅行，去过的就不再去了。"

那年，张爱玲七十岁，姑姑八十九岁。

1991年，炎樱去世了，同年6月，姑姑张茂渊在上海逝世。这些陪伴了她半个世纪的人，一一离她而去。她不感伤，也不缅怀，生死由命，那段曾经的过往早就过去了。上海，恍若隔世，姑姑、炎樱，也仿佛是上个世纪的人。

她还活着，还要为了作品，一天天地熬下去。不过她深知，自己"去日苦多"，而她的身体又每况愈下，让她不得不为后事做准备。她在给司马新的信中写道："剩下的时日已经有限，又白糟蹋了四年工夫，在这个阶段是惊人的浪费，想做的事来不及做，生活走不上轨道，很着急。"

1992年，林式同突然收到张爱玲寄来的信，他打开后一下子惊住了，竟然是遗嘱副本。遗嘱的内容是：一、所有私人物品留给香港的宋淇夫妇；二、不举行任何丧礼，死后遗体火葬，不要人看到遗体；三、骨灰撒向空旷无人处。遗嘱执行人是林式同。

林式同没有答复她，认为她多此一举。他在《有缘得识张爱玲》中写道："一看之下我心里觉得这人真怪，好好的给我遗书干什么！……遗书中提到宋淇，我并不认识，信中也没有说明他们夫妇的联系处，仅说如果我不肯当执行人，可以让她另请他人。我觉得这件事有点子虚乌有，张爱玲不是好好的吗？我母亲比她

生命有它的图案

大得多，一点儿事也没有……”

年轻人并不懂老年人的焦虑。那时光列车轰隆隆地把他们推向终点，有时还来不及告别，就已经去了。有些打算，还是早做为好。她不是惧怕死亡，只是太多人想要找到她，怕的是死得不够清静。

她不想留下什么，连骨灰也要撒向空旷无人处。若说她没放下，怕也只剩下这点执念了。当然，还有文字，她也不肯放下。她写《小团圆》，写了二十多年，直到去世也没完成。一开始她想要发表，后来却在遗嘱中要求销毁。

之前她想留点什么东西在，认为一定有什么东西在，后来她才明白，其实早就没什么东西在了。当她离去，就算读者能看到一个真实的故事，又能怎样？故事，不管讲不讲，都不会结束，解释，不过为之前的故事增加了一个版本。

所以销毁吧，只有毁掉世界才能清静。届时，任你海阔天空自由想象。那，不是更好吗？

大隐隐于市：孤独地活着，慢慢地老去

三十年前的月亮沉下去了，故事完不了

"三十年前的月亮早已沉了下去，三十年前的人也死了，然而三十年前的故事还没完——完不了。"这句话，也出自张爱玲的《金锁记》。写这部小说时，她只想讲一个久远的故事，讲着讲着，不知何时自己也变成了故事里的人。三十年前的人，都去了，只剩下她自己。她一人整理着图文并茂的《对照记》，一个人回忆所有人。

20世纪90年代后，张爱玲曾答应平鑫涛，在1994年"皇冠四十周年庆"时出版《小团圆》，只是小说反复修改，她总不满意。1993年7月，她写信给平鑫涛说："《对照记》加《小团圆》书太厚，书价太高，《小团圆》恐怕年内也还没写完。还是先出《对照记》吧。"

《对照记》自出版后，至1995年底共再版七次，还获得了《中国时报》第十七届文学奖"特别成就奖"。张爱玲对这个奖欣然接受，

生命有它的图案

还写下一篇获奖感言，并拍下了一张照片，也是她晚年的最后一张照片。

她头戴假发，双目炯炯有神，依旧很瘦。她手持一卷报纸，上面写着"主席金日成昨猝逝"的黑体大字。她常常说"剩下的时间不多了"，如今，读者看到她手持的报纸，感到十分震惊。不知她想传递什么，是想告诉读者，她要逝去了吗？还是她早已看淡生死，不惧死亡？抑或只想记录拍照时间？

这张照片，被放在《对照记》再版时的最后一页，另又补了一段说明："写这本书，在老照相簿里钻研太久，出来透口气。跟大家一起看同一头条新闻，有'天涯共此时'的即刻感。手持报纸倒像绑匪寄给肉票家人的照片，证明他当天还活着。"那些年，她的虚假新闻太多，活着便是最好的证明。她无恙，很好，不想有读者和记者再去骚扰。她要在为数不多的时间里，去完成《小团圆》，为读者还原一个真实的张爱玲。

1995 年 5 月，林式同收到张爱玲的信，希望再次搬家，搬到亚利桑那州的凤凰城，或者内华达州的拉斯维加斯去。这两个地方都是沙漠，张爱玲身体不好，又年事已高，实在不适合居住在那样的环境，林式同拒绝了张爱玲的请求。她却决定一人孤身前往，他坚决反对。张爱玲没办法，对林式同说她的皮肤病犯了，每天要照紫外线，衣服都穿不好，感冒也总是久治不愈。张爱玲问林式同，可不可以为她在洛杉矶找一间新建房，林式同说，美国经

第八章

大隐隐于市：孤独地活着，慢慢地老去

济不景气，新建房很少，要等一等。

1995 年夏天，夏志清给张爱玲写信，询问翻译小说《封锁》的事。9 月，她才回了信："事实是我为各种疾病所苦，都是不致命而要费精力的小病。精神不济，做点事要歇半天……过去一年接连感冒卧病，荒废了功课……光是看牙齿就要去不断的两年多。迄今还在紧急状态中，收信只看账单和时限紧迫的业务信。你和炎樱的信没拆都收起来了……作品让别人译实在太痛苦……看医生刚告一段落，正要趁机做点不能再耽搁的事，倒又感冒了，只有重新来过……"

张爱玲确实病了，很想搬家，见林式同不肯找房子，她也没再给他打过电话，而他亦不再询问关于找房子的事。只是，他没有想到，那次通话是他和张爱玲最后一次通话。

1995 年 9 月 8 日，林式同刚刚到家，便接到一个惊人的消息，张爱玲房东女儿打来电话，告诉他那个租住公寓的老人，大概已经去世了。林式同大惊，因为前段时间，他和她才通过电话。不管他如何不信，她都已经去了。他匆忙赶到罗契斯特街公寓，早已有警察在等候他。据法医鉴定，张爱玲已死亡六七天，死因是心血管疾病。

张爱玲一直说，她得的都是不致命的小病，谁也没曾想到，她还得了这样的病症。林式同处理她的身后事，第一次走进她的房间，日光灯开着，屋内简洁安静。她身着赭红色旗袍，安详地

生命有它的图案

躺在行军床上，身上没有盖任何东西，手脚自然放平。

她还是那么瘦弱，白得透明，可她又是那么安详，那么平静。警察说，还有一个提包，放在靠门的折叠桌上。林式同打开来看，里面整整齐齐地放着各种证件，几篇散稿，还有一部手稿——《小团圆》。

她是一切收拾好才去的。穿戴整洁，重要物品收拾妥当，连尸体都那样安详。她仿佛已知死亡临近，只等那孤独的灵魂离开躯体，好放她自由。她再不用为牙齿烦恼，不用为小病耗费精力，更不用为作品而自责，觉得自己耽误了时间。

她悄无声息地去了，无人知晓，真好，这是她想要的。与其和亲人旧友围成一团，依依不舍地走，她更希望一个人离开。一人来，一人去，许多事，本就是一个人的事。她走了，那天上的月亮，沉下去，又浮上来，故事哪里能完，是完不了的。即使是张爱玲这样不凡的女子，世界亦不会因为她的离开而改变，更何况你我凡人呢？大人依旧讨着生活，孩童照常进学堂，痴情的人还活在梦里不肯转醒……

9月19日，张爱玲的遗体在洛杉矶惠捷尔市的玫瑰岗墓园火化。9月30日，是张爱玲七十五岁的生日，她的骨灰由林式同和几位朋友护送上船，将骨灰撒进浩瀚无边的太平洋。如她所愿，火化时没有亲人在场，没有举行葬礼。她曾说："我比较喜欢这样的收鞘。"

第八章

大隐隐于市：孤独地活着，慢慢地老去

"生命有它的图案，我们惟有临摹。"这是张爱玲说过的话。当她离去，她的生命已然完整。至于它的图案，一百个人心中，会有一百个张爱玲。她千变万化，或孤冷，或深情，或孤独，或苍凉……这都是她，也都不是她，只用几个词来形容她到底是不准确。

她曾震动世人，谁见谁震动、震惊，可她知道，所有的震动都要归于平静。她静了，在晚年，她再不是那个令人震动的女子。她手持报纸照片，笑容可掬，是一位慈祥的老人。

故事开始时，曾点过一炉沉香屑，伴着袅袅沉香，伴着书香，伴着月色，读完这位天才女子的故事。如今，故事完了，那炉沉香屑也燃完了吧。

这是《沉香屑：第二炉香》的结尾："煤气的火光，像一朵硕大的黑心的蓝菊花，细长的花瓣向里拳曲着。他把火渐渐关小了，花瓣子渐渐的短了，短了，快没有了，只剩下一圈齐整的小蓝牙齿，牙齿也渐渐地隐去了，但是在完全消灭之前，突然向外一扑，伸为一两寸长的尖利的獠牙，只一刹那，就'拍'的一炸，化为乌有。他把煤气关了，又关了门，上了闩，然后重新开了煤气，但是这一次他没有擦火柴点上火。煤气所特有的幽幽的甜味，逐渐加浓，同时，罗杰安白登的这一炉香却渐渐的淡了下去。沉香屑烧完了，火熄了，灰冷了。"

火熄了，灰冷了，人也该散了。